So lerne ich am liebsten!

100 Diktate 3./4. Klasse

Übungsbuch Deutsch

Geniale Ideen * Stars * Reisen durch die Zeit

Jutta von der Lühe

Klett Lerntraining

Autoren:
Jutta von der Lühe (Seiten 8–107) arbeitet als Lehrerin für Deutsch, Englisch und Ethik. Neben zahlreichen Trainingsbänden für Deutsch in der Sekundarstufe I hat sie auch Lehrwerke für die Grundschule geschrieben und an vielen Diktatsammlungen für die 3. und 4. Klasse mitgewirkt.

Karl-Wolfgang Walther (Seiten 108–111)

Bildquellennachweis

- Action Press GmbH (ADOLPH, CHRISTOPHER), Hamburg: Seite 41;
- akg-images (WARNER BROS. PICTURES / Album), Berlin: Seite 6, 85;
- Alamy Images (jeremy sutton-hibbert), Abingdon, Oxon: Seite 5, 64;
- Artothek (Bayer&Mitko), Weilheim: Seite 29;
- Corbis (Paul Almasy), Düsseldorf: Seite 6, 97;
- dreamstime.com (Regien Paassen): Seite 9; (Andriy Dykun): Seite 5, 60; (Eti Swinford): Seite 3, 12; (Featureflash): Seite 4, 36; (Gilian08): Seite 77; (Grisho): Seite 4, 41; (Kaarsten): Seite 41; (Patricia Hofmeester): Seite 40; (Pixelplot): Seite 4, 49; (Rafal Przondo): Seite 16; (Sandra Cunningham): Seite 5, 56; (Steve Allen): Seite 5, 68; (Suchan): Seite 89; (Tibisan): Seite 36; (Tt): Brentwood: TN: Seite 49;
- Fotolia.com (Brad Pict): Seite 80; (cristi lucaci): Seite 53; (Dasha Petrenko): Seite 52; (Delphimages): Seite 3, 17; (Franz Pfluegl): Seite 92; (Jeanette Dietl): Seite 21; (Jens Ottoson): Seite 16; (Jim Curran): Seite 6, 88; (k-artz): Seite 5, 77; (Lucky Dragon): Seite 48; (noeemi_fotolia): Seite 3, 9; (silencefoto): Seite 76; (travelguide): New York:Seite 89;
- Getty Images (Daniel Zuchnik): Seite 93; (Flickr/E. Treffly Coyne): Umschlag; (Stone/Images Etc Ltd): Umschlag; (Taxi/Peter Adams): Umschlag; (UK Press/Mark Cuthbert), München: Seite 36;
- iStockphoto (Adrian Assalve): Seite 24; (Ekaterina Fribus): Seite 5, 80; (Estonia): Seite 4, 44; (Francisco Lozano Alcobendas): Seite 81; (LifesizeImages): Seite 61; (Peter Galbraith): Seite 45; (Richard Clark): Seite 4, 52; (TOMRUETHAI): Seite 69; (Torsten Stahlberg): Seite 29; (traveler1116): Seite 69; (tunart), Calgary, Alberta: Seite 25;
- Picture-Alliance (dpa / Ursula Düren): Seite 65; (dpa/ Eventpress/ Schraps): Seite 93; (Pressebild), Frankfurt: Seite 64;
- shutterstock (A.Zhernosek.FFMstudio.com): Seite 4, 32; (Bevan Goldswain): Seite 1, 6, 104; (Bikeworldtravel): Seite 3, 20; (Cyhel): Seite 81; (Darko Sikman): Seite 25; (Efecreata Media Group): Seite 5, 72; (Helga Esteb): Seite 3, 6, 24, 100; (Jason M. Zorn): Seite 61; (Jason Stitt): Seite 60; (Konstantin Yolshin): Seite 21; (Le Chernina): Seite 28; (lynea): Seite 97; (Marko5): Seite 80; (RazoomGame): Seite 8; (S.Borisov): Seite 57; (s_bukley): Seite 6, 93; (Subbotina Anna): Seite 53; (Victorian Traditions), New York, NY: Seite 3, 28;
- Südtiroler Archäologiemuseum - www.iceman.it (Augustin Ochsenreiter), Bozen: Seite 96;
- Thinkstock (F1online), München: Seite 45;
- Ullstein Bild GmbH (Teutopress), Berlin: Seite 65

Sollte es in einem Einzelfall nicht gelungen sein, den korrekten Rechteinhaber ausfindig zu machen, so werden berechtigte Ansprüche selbstverständlich im Rahmen der üblichen Regelungen abgegolten.

Illustratorenverzeichnis

Mo Büdinger, München: Seite 62, 106; Andrea Dölling, Augsburg: Seite 35; Cornelia Haas, Münster: Seite 82; Susann Hesselbarth, Leipzig: Seite 23, 55, 58; Steffen Jähde, Sundhagen: Seite 70; Katja Kassler Grafik-Design, Leipzig: Seite 50; Jeanne Klöpfer, Winterkasten: Seite 14; Karin Mall, Berlin: Seite 79; Helga Merkle, Albershausen: Seite 47 Lutz-Erich Müller, Leipzig: Seite 26; David Noman, Meerbusch: Seite 94, 99; Sven Palmowski, Barcelona: Seite 19, 112; Marlene Pohle, Stuttgart: Seite 59, 67; Katja Rau, Fellbach: Seite 11, 38, 42, 75, 91, 103, 112, 112

Bibliografische Information der Deutschen Nationalbibliothek
Die Deutsche Nationalbibliothek verzeichnet diese Publikation in der Deutschen Nationalbibliografie; detaillierte bibliografische Daten sind im Internet über http://dnb.d-nb.de abrufbar.

Auflage 3 2 1 | 2015 2014 2013
Die letzten Zahlen bezeichnen jeweils die Auflage und das Jahr des letzten Druckes.

Dieses Werk folgt der neuesten Rechtschreibung und Zeichensetzung.

www.klett.de/lernhilfen
Teamleitung Lernhilfen Grundschule: Susanne Schulz
Redaktion: Antonia Wehrhahn, Dr. Susanne Haverkamp-Balhar
Umschlaggestaltung und Layout: Sabine Kaufmann, Stuttgart
Satz: TEBITRON GmbH, Gerlingen
Druck: Mediahaus Biering GmbH, München
Printed in Germany
ISBN 978-3-12-949092-1

9 783129 490921

Inhalt

	Diktate für die 3. Klasse	Lerninhalte	

Inhalt

Hallo ____!
(dein Name)

Du interessierst dich für die Entdeckung Amerikas, Popstars oder das Leben auf einer Burg? Außerdem möchtest du fit werden im Schreiben von Diktaten?

Dann ist dieses Buch genau richtig für dich: Hier findest du tolle Fotoseiten mit spannenden Informationen sowie interessante Diktate zu deinen Lieblingsthemen. Such dir einfach ein Thema aus, und los geht's!

So übst du mit dem Buch:

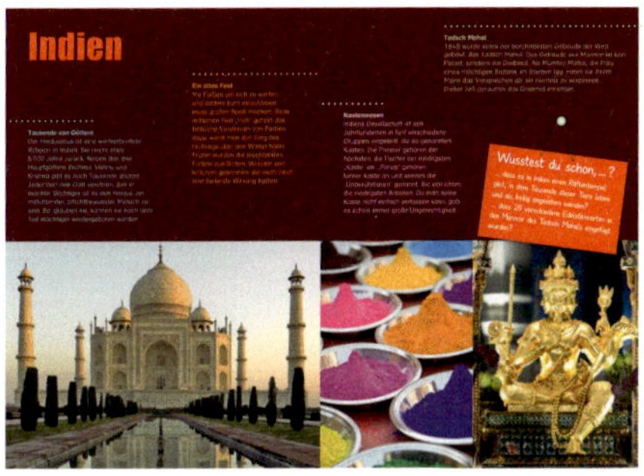

Spannende Fotoseiten laden dich zum Stöbern und Staunen ein. Lies dir diese Seiten gut durch, denn vieles hiervon taucht auch in den Diktaten wieder auf.

Ohne Kochtopf kochen
Endlich hatten die Männer Erfolg bei der Jagd. Es war schwierig gewesen, das Mammut zu erlegen. Doch Fleisch war wichtig fürs Überleben. Aber wie wurde es gekocht? Töpfe aus Metall und Ton gab es noch nicht. Die Steinzeitmenschen legten das Fleisch in eine mit Wasser gefüllte, tiefe Steinmulde. Dann warfen sie vom Feuer erhitzte Steine hinein. Im heißen Wasser konnte das Fleisch richtig gut garen. Nun waren die Mahlzeiten nicht mehr so karg wie zuvor.
(Wörteranzahl: 78)

Lass dir einen Diktattext diktieren. Du kannst auch alleine üben, indem du den Text abschreibst oder ihn als Laufdiktat übst. Tipps zum Diktieren findest du auf Seite 112. Übrigens sind alle wichtigen Lernwörter blau markiert.

Auf die Konsonanten *l*, *n* und *r* folgt immer nur ein *z*, niemals *tz*.
Beispiele: Pelz, ganz, Herz.

Die Regeln in den blauen Kästen helfen dir, dich an das Wichtigste zu erinnern.

Geheim TIPP
Es gibt kein deutsches Wort, das mit *scht* oder *schp* beginnt.

Die Tipps verraten dir zusätzliche Kniffe und Eselsbrücken.

108 **Die am häufigsten falsch geschriebenen Wörter**

A
der Abend, am Abend, abends
alle, allen, alles
allein
alt, älter
andere, anderen, anderer, anderes
die Angst, ängstlich
die Antwort, antworten
der Ärger, ärgern
auf einmal

dies, diese, diesen, dieser, dieses
dir
draußen
dunkel

E
eben, ebenfalls, ebenso
eigentlich
ein, eine, einem, einen, einer, eines
einmal (aber: *ein Mal, wenn beide Wörter betont werden*)
das Ende, endlich

Am Ende des Buches findest du eine Liste mit Wörtern, die oft falsch geschrieben werden.

Und jetzt: Viel Spaß beim Entdecken und Üben!

Märchenfiguren

Vorsicht mit Feen
Die Römer glaubten an Göttinnen, die das „fatum“ der Menschen bestimmten. „Fatum“ ist Lateinisch und bedeutet „Schicksal“ oder „Verhängnis“. Es ist anzunehmen, dass sich das Wort „Fee“ davon ableitet. Denn in den Märchen vieler Völker sind Feen Zauberwesen, die sowohl Glück als auch Unglück bringen können.

Sammelwütige Brüder
Sicherlich kennst du die Märchen von Aschenputtel oder Schneewittchen. Dank der Gebrüder Grimm können wir sie heute lesen. Vor etwa 200 Jahren konnten nur wenige Menschen lesen. Geschichten wurden deshalb erzählt. Jacob und Wilhelm Grimm fuhren herum, sammelten diese Geschichten und schrieben sie erstmals auf.

Die hässliche Meerjungfrau auf der Erbse?
Der Däne Hans Christian Andersen lebte von 1805 bis 1875. Auch sein Name ist eng mit Märchen verbunden. Doch er hat sie nicht gesammelt, sondern selbst ausgedacht und geschrieben. Zu den bekanntesten gehören „Die kleine Meerjungfrau“, „Die Prinzessin auf der Erbse“ und „Das hässliche Entlein“.

Rote Haare – nein danke!
Schon immer hatten die Menschen große Angst vor bösen Mächten. In Sagen und Märchen tauchen sie als Menschenfresser, Drachen oder als Hexen auf. Im Mittelalter wurden aber auch viele einfache Frauen für Hexen gehalten. Als Hexe galt man schon, wenn man rotes Haar hatte oder kranke Menschen heilen konnte. Viele dieser Frauen wurden verfolgt und getötet.

Wusstest du schon, ... ?

... dass im Englischen das Wort für Hexe „witch" ist? Es leitet sich vom Wort „wit" ab, das so viel heißt wie „Verstand". Die Angst vor Hexen war also auch die Angst vor weisen Frauen.

... dass die Statue der kleinen Meerjungfrau in Kopenhagen das kleinste Wahrzeichen der Welt ist? Sie ist nur 125 Zentimeter hoch.

... dass man nicht so genau weiß, was das „puttel" in Aschenputtel bedeutet? Manche Leute sagen, dass es mit „buddeln" zu tun habe. Andere behaupten, dass es mit einem alten Wort für „Sumpf" verwandt sei.

Der Schutz der guten Fee

Eine gute Fee könnte jeder manchmal gebrauchen. Dornröschen wurde durch eine Fee vor einem bösen Fluch bewahrt. Der Räuber Hotzenplotz* wird durch eine Fee erlöst. Und auch den kleinen Pinocchio* will die gute Fee vor Dummheiten beschützen. In vielen Sagen und Märchen sorgen gute Feen für eine glückliche Wendung im Leben. Ist dir vielleicht auch schon mal etwas passiert, bei dem du dir eine Fee als Beschützerin gewünscht hättest?

(Wörteranzahl: 74) *darf buchstabiert werden

Geheim TIPP

Ein Nomen zu erkennen,
ist nicht schwer,
du suchst nach
das, die oder *der*.

Kleine Meerjungfrau

Jedes Kind in Kopenhagen* hat die kleine Meerjungfrau schon einmal gesehen. Sie sitzt nämlich auf einem Felsen im Hafen. Natürlich ist das nur eine Figur zur Erinnerung an das berühmte Märchen. Darin erzählt der Autor von einer Nixe, die einen Prinzen vor dem Ertrinken rettet. Aus Liebe zu ihm verwandelt sie sich in einen Menschen. Aber der Prinz erkennt seine Retterin nicht und heiratet ein anderes Mädchen. Das ist schlimm für die Meerjungfrau, denn nun wird sie sterben.

(Wörteranzahl: 80) *darf buchstabiert werden

Aschenputtel

Was für eine Ungerechtigkeit! Das fleißige Mädchen erhält keinen Dank für ihre Arbeit im Dreck. Und natürlich darf sie auch nicht zu dem großen Fest im Schloss. Denn Aschenputtel ist viel zu schmutzig. Aber eine gute Fee hilft ihr. Aschenputtel erhält ein wunderschönes Kleid. Wie hübsch sie nun ist! Heimlich entwischt sie zum Ball, und der Prinz verliebt sich in sie. Aber es gibt noch weitere Hindernisse auf dem Weg zum Glück.

(Wörteranzahl: 73) *darf buchstabiert werden

Achtung vor der Hexe!

Einer bösen Hexe möchte man ungern über den Weg laufen. Aber zum Glück sind sie ja leicht zu erkennen. Denn Hexen sind doch alte Frauen mit Buckel und einem Raben auf der Schulter! Gelegentlich reiten sie auf einem Besen durch die Nacht. Doch mit dem Mut von Hänsel und Gretel kann man ihnen entkommen. Aber nicht in jeder Erzählung sind Hexen böse. Manchmal sind sie Frauen mit geheimnisvollem Wissen über Kräuter und Pflanzen.

(Wörteranzahl: 77)

- Das erste Wort in einem Satz wird immer großgeschrieben.
- Auch Eigennamen und Nomen schreibt man groß. Nomen erkennst du meistens daran, dass ein Artikel (*der, die, das* oder *ein, eine*) vor ihnen steht. Beispiele: die Fee, eine Hexe.
- Manchmal ist der Artikel versteckt.
  Beispiele: als Geschenk = als ein Geschenk,
  zum Ball = zu dem Ball.

Gemütlich Wohnen

Sitzen verboten!
Stühle dienten lange Zeit den Mächtigen dieser Welt, ihre erhobene Stellung zu verdeutlichen. So durfte im alten Ägypten nur der Pharao auf einem Stuhl sitzen. Alle anderen Menschen mussten auf dem Boden Platz nehmen oder sich auf Sitzkissen, Hocker oder Bänke setzen.

„Nicht kippeln!“
Das sagen Eltern gerne, wenn man mit einem Stuhl wackelt. Ob der amerikanische Präsident Benjamin Franklin auch ein „Stuhlkippler“ war? Jedenfalls ließ er sich 1787 gebogene Kufen unter seinen Stuhl anbringen. Damit gilt er als Erfinder des Schaukelstuhls.

Zieh deine Bettdecke an und schlaf gut!
So richtig gemütlich ist es im Bett erst, wenn man sich unter die Decke kuscheln kann. Aber bist du auch schon einmal frierend aufgewacht, weil du sie weggestrampelt hast? Im Jahr 2003 kam ein junger Mann auf eine glänzende Idee: eine Decke mit Ärmeln, in die man einfach hineinschlüpfen kann. Für Menschen mit kalten Händen gibt es sie sogar mit Handschuhen.

Mach die Nacht zum Tag!
Ob Thomas Alva Edison 1879 die Glühbirne wirklich erfunden hat, ist nicht ganz sicher. Eine Reihe von Männern vor ihm hatte schon versucht, die Nacht heller und damit sicherer zu machen. Denn Kerzen, Öllampen oder Gasleuchten verbreiteten nur schwaches Licht und waren sehr gefährlich. Immer wieder gingen Häuser in Schutt und Asche auf, weil die offene Flamme schlecht gehütet wurde.

Wusstest du schon, … ?

… dass arme Familien früher nur ein Bett hatten? Da kuschelte sich die ganze Familie zusammen und wärmte sich. In vielen Ländern der Welt ist es auch heute noch so.

… dass Menschen durchschnittlich 9,5 Stunden am Tag sitzen?

… dass es in Amerika eine Glühbirne gibt, die seit über 100 Jahren ununterbrochen brennt?

Gut geschaukelt ist halb eingeschlafen

Aus dem Garten ertönt ein leises Schnarchen. Das ist Steffis Vater, der sich zum Ausruhen in die Hängematte gelegt hat. Steffi kann das gut verstehen. Wenn sie so richtig müde ist, setzt sie sich in ihren Schaukelstuhl. Durch das leichte Wippen geht es ihr bald besser. Denn sanftes Schaukeln beruhigt und ist gut für die Stimmung. Hoffentlich wacht ihr Vater bald auf. Denn zum Lesen ist es in der schwingenden Hängematte am gemütlichsten.

(Wörteranzahl: 78)

Geheim TIPP

Steht vor dem Verb *das, ein, beim* oder *zum*, kommst du um große Anfangsbuchstaben nicht herum.

Der Sitzsack

Zum Sitzen benutzt man meist Stühle, Hocker und Bänke, die etwas hart sein können. Natürlich gibt es auch weiche Sofas und Sessel zum Entspannen. Oder man sinkt in einen gemütlichen Sitzsack. Erfunden wurde der vor über vierzig Jahren in Italien. Auf der Suche nach einer Sitzgelegenheit dachten die Erfinder an Schnee, in dem man herrlich versinken kann. Nach langem Nachdenken wurde ein Sack genäht und mit kleinen Kügelchen aus Schaumstoff gefüllt. Zum Ausruhen und Träumen ist er perfekt.

(Wörteranzahl: 80)

Spinnenfreies Schlafen

Wünschst du dir auch ein Himmelbett zum Einschlafen und Träumen? Glaubst du, dass nur Prinzessinnen so ein Bett benutzen? Im Mittelalter war das Bett mit den vier Pfosten und dem Stoffhimmel in den Wohnräumen weit verbreitet. Denn man konnte sich zum Schlafen selten in ein gesondertes Zimmer zurückziehen. Dafür gab es Ungeziefer, das von der Decke fiel. Ungestörtes Ausruhen war also nur gesichert, wenn von oben keine Überfälle drohten. Das Zuziehen der Vorhänge verschaffte auch etwas mehr Wärme.

(Wörteranzahl: 80)

Hausaufgaben im Kerzenschein

So ein dunkler Winternachmittag! Lisa macht alle Lampen in der Wohnung an. Dann ist das Warten auf Mutter nicht so unheimlich. Plötzlich hört sie einen Knall, und alle Glühbirnen verlöschen. Wie soll sie jetzt ihre Hausaufgaben machen? Aber nach kurzem Suchen kann Lisa eine Kerze anzünden. Das sanfte Flackern der Flamme beruhigt und macht das Schreiben und Lesen richtig gemütlich. Als ihre Mutter endlich heimkommt, repariert* sie den Kurzschluss und wundert sich über die hell erleuchtete Wohnung.

(Wörteranzahl: 80)

*darf buchstabiert werden

- Verben werden normalerweise kleingeschrieben.
- Sie können aber die Aufgabe eines Nomens übernehmen und werden dann großgeschrieben. Das geschieht, wenn ein Artikel (*das, ein*) davor steht. Beispiele: das Auspacken, ein Schnarchen.
- Auch in einem Verhältniswort oder in einem Adjektiv kann ein Artikel verborgen sein. Beispiele: zum Sitzen, ungestörtes Ausruhen.

Eine gefährliche Zeit

Um sich und ihre Untertanen vor Feinden zu schützen, statteten mittelalterliche Herrscher ihre Burgen mit Wachtürmen, Burggräben und Schießscharten aus. Aus denen konnte man brennende Pfeile auf die Eindringlinge schießen. Wichtig waren aber auch Brunnen, Vieh und Vorratsräume. Denn bei Belagerungen lebten viele Menschen innerhalb der Burgmauern.

Ritterturnier

Ritterturniere waren beliebte Veranstaltungen. Man wollte doch sehen, wie die Ritter gegeneinander kämpften und ihre Geschicklichkeit unter Beweis stellten. Den Sieger erwartete hohe Ehre: die Auszeichnung durch die Burgherrin. Aber auch die Auftritte von Akrobaten und Tierbändigern waren aufregende und beliebte Höhepunkte.

Kalte Kammern

Das Leben in einer Burg war im Winter sehr kalt. Denn es gab keine Fensterscheiben. Oft war auch nur ein einziger Raum beheizbar: die Kemenate. Dies war der Kaminraum, und hier waren die Frauen, die Kinder und die Kranken untergebracht. In den restlichen Räumen mussten Gefäße mit glühenden Kohlen für Wärme sorgen.

Leben in der Burg

Wer hat von meinem Tellerchen gegessen?
Hast du schon mal aus einer Mulde im Tisch gegessen? Im Mittelalter war das üblich. Denn das Geschirr reichte nicht für jeden Gast bei einem Festmahl. Üblicherweise gab es zuerst eine dicke Scheibe Brot, mit der man dann die kräftige Soße aufsaugen konnte. Die Brotreste wurden nach dem Fest an die Armen verteilt.

Wusstest du schon, ... ?

... dass das Fleisch, das man im Mittelalter aß, oft von alten Tieren stammte? Es war so zäh, dass es erst gekocht und dann gebraten werden musste, damit es überhaupt genießbar war.

... dass mehr als die Hälfte der Kinder im Mittelalter keine 14 Jahre alt wurde? Daran waren unter anderem die feuchtkalten Räume und die mangelnde Sauberkeit schuld.

Schutz hinter hohen Mauern

Das kleine Mädchen hilft gerade seiner Mutter auf dem Feld. Da ertönt die Glocke und vom Burgturm erschallt das Horn. Ein Feind naht. Geschwind eilen die beiden in die Burg. Hier treffen sie auf die restlichen Menschen aus dem Dorf. Alle suchen sie Schutz hinter den dicken Mauern und dem breiten Graben. Für die nächste Zeit wird sich ihr Leben an diesem Ort abspielen. Hoffentlich hat der Burgherr genügend Wasser und Brot gelagert.

(Wörteranzahl: 77)

Hier zieht es!

Leicht war das Leben auf einer Burg nicht. Die wenigen Fenster gaben nur wenig Licht. Sie waren nicht verglast, sondern mit Tierhaut bespannt. So gab es ein wenig Schutz gegen den Wind. Hinter den dicken Mauern war es kalt, ein wärmendes Feuer brannte nur in einem Raum. Der Boden war mit Stroh bedeckt, in dem es Ungeziefer gab. Am Abend sorgten Kerzen und Fackeln für Licht. Das war gefährlich, denn es konnte schnell ein Brand ausbrechen.

(Wörteranzahl: 79)

Kein stilles Örtchen

Ein Badezimmer ist ein Rückzugsort. Für sein Geschäft schließt man die Tür und bleibt ungestört. Auf einer Burg gab es nur Plumpsklos an der Außenwand über dem Graben. Ein heißes Bad war eine Seltenheit. Dafür wurde eine Holzwanne aufgestellt. Das Wasser musste für die ganze Familie reichen. Die größte Geduld brauchten die Kinder. Sie kamen als letzte dran. Ob sie dann noch sauber wurden? Du hast also allen Grund zur Freude, dass du kein Burgfräulein bist.

(Wörteranzahl: 79)

Endlich ein Fest!

Das Leben war hart. Immer wieder gab es Not und Leid. Deswegen nutzte man jede Gelegenheit, ein Fest zu feiern: eine Hochzeit, die Geburt eines Kindes oder eine gute Ernte. Zunächst fand man sich zu einem Gottesdienst zusammen. Danach ging man auf die Jagd. Bei einem Turnier zeigten die Ritter ihr Können. Die Burgherrin trug ihr bestes Gewand und erwies dem Sieger ihre Huld. Beim abendlichen Festmahl erfreuten fahrende Sänger die Anwesenden. Oft wurde tagelang gefeiert.

(Wörteranzahl: 79)

Geheim TIPP

Merke dir: Verben in der 3. Person Singular schreibst du immer mit einem *t* am Wortende.
Beispiel: sie hilft, er geht.

- Die Buchstaben *d* und *t* am Wortende sind nicht immer leicht zu unterscheiden. Beispiele: Not, Abend.
- Oft hilft es, wenn du das Wort mit *d* oder *t* am Wortende verlängerst, so erkennst du die richtige Schreibweise leichter. Beispiele: Not – Nöte, Abend – Abende.

Wusstest du schon, ...?

... dass Kaiserin Sisi zum Waschen ihrer Haare einen ganzen Tag brauchte? Sie war sehr stolz auf ihre bodenlangen, dichten Haare. Ihr Dienstmädchen musste ihr verheimlichen, wenn beim Kämmen welche herausfielen.

... dass es in Japan einen Manga-Comic gibt, der in drei Bänden das Leben von König Ludwig erzählt?

... dass Kleopatra angeblich in Eselsmilch gebadet haben soll, weil dies als Schönheitsmittel galt?

Im Traumschloss zu Hause
König Ludwig II. von Bayern war erst 18 Jahre alt, als er König wurde. Er gab viel Geld für den Bau prächtiger Schlösser aus. Er ließ auch Schloss Neuschwanstein errichten. Dieses Märchenschloss diente ihm als Wohnsitz. Noch heute wird er als Märchenkönig verehrt.

Herrscherinnen

Herrin vieler Länder
Großbritannien, Nordirland, Australien, Neuseeland und Kanada gehören zum Herrschaftsgebiet von Königin Elisabeth II. von England. Die „Queen", wie die Engländer sie nennen, wurde 1952 zur Königin gekrönt. Inzwischen ist sie schon 60 Jahre lang auf dem Thron. Länger hat es bisher nur Königin Victoria ausgehalten.

Keine Lust aufs Pauken
„Sisi" war der Spitzname der Kaiserin Elisabeth von Österreich-Ungarn. Sie lebte von 1837 bis 1898. Sie unternahm viele lange Reisen ans Mittelmeer, sprach mehrere Sprachen und schrieb Gedichte. Das ist kaum zu glauben, da sie als Kind die Schule verabscheute und kaum lernte.

Schönheit ist nicht alles
Ob Kleopatra so schön war, wie sie in heutigen Filmen dargestellt wird, ist nicht erwiesen. Aber offensichtlich war sie sehr klug und gebildet. Sie sprach nicht nur Ägyptisch, sondern auch Hebräisch und Griechisch. In den 15 Jahren auf dem Thron versuchte sie, Ägypten zu einem mächtigen Land zu machen und musste oft um ihre Macht kämpfen.

und Herrscher

Eine traurige Mutter

Mit siebzehn Jahren wurde Sisi Kaiserin von Österreich*. Bald darauf wurde sie Mutter. Aber sie durfte ihre beiden Töchter nicht selbst erziehen und nur selten mit ihnen allein sein. Hielt man Sisi für ein Risiko für ihre Kinder? Das machte das Familienleben sehr schwer, und sie wurde krank. Sie verlor kiloweise Gewicht. Da halfen auch keine Medizin oder Vitamine. Ihr Mann konnte seine Familie aber überzeugen, und so bekam Sisi mehr Zeit mit ihren Kindern.

(Wörteranzahl: 78)

*darf buchstabiert werden

Geheim TIPP

Schreibe dir Fremdwörter auf eine Liste, die du auf deinem Schreibtisch oder in deinem Wörterbuch gut sichtbar bereit hältst.

Der König im Märchenschloss

Der Termin für die Hochzeit war beschlossen und die Musik schon bestellt. Aber König Ludwig überlegte es sich anders. Er wollte Sophie*, die jüngere Schwester von Kaiserin Sisi, doch nicht heiraten. Sie leistete keinen Widerstand, denn sie interessierte sich schon für einen anderen. Später baute Ludwig so viele Schlösser, dass die Staatskassen immer leerer wurden. Diese Schlösser werden bis heute gepflegt, sodass** sie nicht zu Ruinen zerfallen und Menschen aus aller Welt ihren Baustil bewundern können.

(Wörteranzahl: 80)

*darf buchstabiert werden

***aufwendigen* ist auch richtig

Tee für die Königin

Der Geburtstag der Queen* ist für Engländer immer ein Anlass zu feiern. Aber wann ist er nur? Ist er im Juli? Nein, er ist im vierten Monat im Jahr, also im April. Die Menschen in England lieben schöne Ereignisse in der königlichen Familie. Viele Engländer besitzen stilvolle Teller und auch Tassen, die an ein Jubiläum im Königshaus erinnern. Daraus trinken sie literweise Tee. Ein wahrer Genuss ist er, wenn man dabei vor einem flackernden Kamin sitzt.

(Wörteranzahl: 80) *darf buchstabiert werden

Eine mächtige Frau

Mit achtzehn Jahren wurde Kleopatra* Herrscherin über Ägypten und damit eine der mächtigsten Frauen der Geschichte. Der Nil, in dem viele Krokodile leben, und das warme Klima machten das Land reich. Doch Kleopatra* hatte viele Widersacher und ging viele Risiken ein, um ihre Macht zu erhalten. Deswegen verbündete sie sich mit den römischen Herrschern Cäsar* und Antonius*. Als beide gewaltsam starben, sah Kleopatra* keinen Ausweg mehr und ließ sich durch den Biss einer giftigen Schlange töten.

(Wörteranzahl: 79) *darf buchstabiert werden

- Es gibt nicht viele Wörter, bei denen das lange *i* nur mit einem einfachen Buchstaben geschrieben wird.
- Die meisten dieser Wörter kommen aus anderen Sprachen, und du musst sie dir gut einprägen. Beispiele: Risiko, Kamin, Maschine, Benzin.

Berühmte Kinder

Das Kind auf dem Thron

Ägypten war über 2000 Jahre lang ein mächtiges Reich. Die Herrscher waren die Pharaonen. Der berühmte Pharao Tutanchamun übernahm möglicherweise mit zehn Jahren die Herrschaft über ein unruhiges Ägypten. Von 1332 bis 1323 vor Christus brachte er wieder Ordnung ins Land. Deswegen wurde er sehr geachtet.

Wie aus Emma Hermine wurde

10 Jahre war Emma Watson alt, als sie im Jahr 2000 an einem Vorsprechen für die Hermine im ersten Harry-Potter-Film teilnahm. Gegen 4000 Mädchen musste sie sich durchsetzen. Emma Watson wurde ausgewählt und spielte bis 2011 in allen Harry-Potter-Filmen mit.

Das erleuchtete Bauernkind

Lhamo war ein einfaches Bauernkind in Tibet. Als er zwei Jahre alt war, erkannten buddhistische Mönche, dass er der Dalai Lama ist. Das ist das Oberhaupt der Buddhisten, ein „Erleuchteter“. Der kleine Junge bekam den Namen Tenzin und wurde in einem Kloster auf seine wichtige Aufgabe vorbereitet. Er übernahm sie mit 15 Jahren. Heute gehört er zu den einflussreichsten Menschen der Welt.

Wolferl, das Wunderkind

4 Jahre alt war Wolfgang Amadeus Mozart, als er mit dem Musikunterricht bei seinem strengen Vater begann. Schon zwei Jahre später trat der kleine Mozart zum ersten Mal auf. Mit zehn Jahren komponierte er schon eine Oper. Da war klar, dass er ein Wunderkind war. Sein Können führte er in Königshäusern und Fürstenhäusern in halb Europa vor.

Wusstest du schon, ... ?

... dass viele Männer, die bei der Öffnung von Tutanchamuns Grab dabei waren, einen frühen und ungewöhnlichen Tod starben? Zeitweilig glaubte man an einen Fluch der Mumie. Aber heute erkennen Wissenschaftler eher Schimmelpilze in der Grabkammer als Todesursache an.

... dass die Schauspielerin Emma Watson für ihre Rolle als Hermine im ersten Harry-Potter-Film etwa 373 000 Euro erhielt? Zehn Jahre später verdiente sie schon 5,5 Millionen US-Dollar. Das sind mehr als vier Millionen Euro.

Ein kurzes Leben

Tutanchamun* herrschte ungefähr zehn Jahre und säte Frieden in Ägypten. Ob er nur auf die Ratschläge von mächtigen Erwachsenen hörte, oder ob er selbst bestimmen konnte, ist unklar. Auch sein früher Tod ist rätselhaft. Wurde er von gewalttätigen Feinden getötet? Oder wurde er durch einen Unfall jäh aus dem Leben gerissen? In seinem aufwändigen** Grab gab es viele Schätze. Darunter waren ein Kästchen mit seinem Schreibzeug und ein Fächer. Zwei lebensgroße Figuren am Eingang dienten als Wächter.

(Wörteranzahl: 80)

*darf buchstabiert werden

***aufwendigen* ist auch richtig

Geheim TIPP

Wörter mit *ä*, die kein verwandtes Wort mit *a* haben, musst du dir besonders gut merken, wie zum Beispiel *Lärche*. Schreib sie am besten fünfmal auf. Dann vergisst du sie nicht.

Kein Leben lang Hermine

Was wäre Harry Potter* ohne Hermine? Das erfährst du natürlich nie, denn das fleißige und kluge Mädchen gehört bis zum Ende zur berühmten Geschichte. Vielleicht wurde Emma Watson* nicht zufällig für die Rolle der Hermine ausgewählt. Sie hatte nämlich schon als Kind in Schulstücken mitgespielt. Emma Watson* ist auch im wirklichen Leben clever*. Sie spielt andere Rollen, arbeitet als Model, studiert und hat immer noch viele Pläne. Ihr früher Ruhm war jedenfalls nicht schädlich.

(Wörteranzahl: 78)

*darf buchstabiert werden

Zeichen der Wiedergeburt

Nach dem Tod eines Dalai Lama* wandern die Mönche durch die ärmlichen Dörfer Tibets. Sie suchen nach dem wiedergeborenen Nachfolger des verstorbenen Oberhauptes. Sie treffen Jungen, die bei einer Mondfinsternis oder unter einem prächtigen Regenbogen geboren wurden. Manche haben besondere Fähigkeiten. Diesen Kindern werden dann schwere Aufgaben gestellt. So müssen sie Gegenstände aus dem Besitz des verstorbenen Dalai Lama* von ähnlichen unterscheiden. Wer alle Aufgaben lösen kann, wird im Kloster auf seine neue Aufgabe vorbereitet.

(Wörteranzahl: 78) *darf buchstabiert werden

Kein träges Wunderkind

Wärst du gerne ein Wunderkind? Dann darfst du nicht untätig sein. Der berühmte Musiker Mozart* hatte ein musikalisches Gedächtnis. Wenn er ein Stück einmal hörte, konnte er es auf dem Klavier nachspielen. Dennoch musste er für seine unzähligen Auftritte als Kind täglich üben. Dafür musste er sich nicht in einer Schule quälen, um lesen und schreiben zu lernen. Schon als Kind komponierte* er fröhliche Stücke, die uns lächeln lassen, aber auch traurige, die einen zu Tränen rühren.

(Wörteranzahl: 80) *darf buchstabiert werden

- Viele Wörter mit *ä* kommen aus einer Wortfamilie, in der es auch Wörter mit *a* gibt.
  Beispiele: wählen – Wahl, älter – alt.

Schönheit früher

Wespentaille
Ob die Wespe daran schuld ist, dass die Mode vor 500 Jahren von Frauen eine winzige Taille erwartete? Doch nur wenige hatten eine „Wespentaille“, und so mussten sie unter ihren Kleidern ein eng geschnürtes Korsett tragen. Damit brachten sie ihren Körper in die gewünschte Form. Aber auch schon junge Mädchen wurden in ein Korsett gesteckt.

Zeig her deine Füße
Ein Tanz in einer goldenen Lotusblüte führte vor über 1000 Jahren zu dem Schönheitsideal des Lotusfußes in China. Damit ihre Füße zwischen die Blätter passten, hatte die Tänzerin sie spitz abgebunden. Lange Zeit wurden deshalb kleinen Mädchen die umgeknickten Zehen mit Binden befestigt, damit ihre Füße winzig und spitz blieben. Heute ist das Füßebinden zum Glück verboten.

Wusstest du schon, ... ?

... dass der Brauch der „Lotusfüße" erst seit wenigen Jahrzehnten in China verboten ist? Es gibt heute noch alte Frauen mit diesen winzigen Füßen.

... dass Millionen von Frauen in China und Japan noch heute ihre Haut künstlich bleichen?

... dass sich Frauen früher mit Schönheitspflästerchen künstliche Muttermale in ihr Gesicht geklebt haben?

Vollschlank und fröhlich

Weißt du, was eine „Rubensfigur" ist? Dieser Begriff stammt aus der Zeit des Barock, also dem 17. Jahrhundert, und geht auf die Bilder des Malers Paul Peter Rubens zurück. Rubens malte füllige Frauen mit weiblichen Rundungen. Eine solche Figur galt bis zum Anfang des 20. Jahrhunderts weithin als Schönheitsideal.

Porzellanhaut

Was macht Schneewittchen so schön? Sie hat eine Haut so weiß wie Schnee. Eine blasse, helle Haut galt für Frauen jahrhundertelang als erstrebenswertes Ideal. Deshalb haben sie sich an schönen Tagen vor der Sonne versteckt. Bekamen sie doch einmal etwas Farbe, wurde die Porzellanhaut mit Bleichmittel und Puder wieder hergestellt.

Pummelig ist schön

Albas Schwester ist betrübt. Tagelang hat sie nur Obst gegessen und trotzdem zugenommen. Alba tröstet sie: „Früher mussten hübsche Frauen richtig dick sein." Da hat sie recht*. Aus der Steinzeit sind Tonfiguren von Frauen mit gewaltigem Po und üppigen Schenkeln überliefert. Pummelige Frauen waren lange sehr begehrt. Denn sie konnten auch in Hungerzeiten Babys stillen, und sie bewiesen, dass ihr Mann sie gut ernährte. Ob das Albas Schwester beruhigt? Jedenfalls hat sie gerade einen Happen Kuchen gegessen.

(Wörteranzahl: 80)

**Recht* ist auch richtig

Geheim TIPP

Sprich Wörter mit *b* und *p* deutlich aus, dann hörst du den Unterschied.

Schnür mich schön

Frauen mit Kurven waren in der Männerwelt fast immer beliebt. Dazu gehören eine schmale Taille* und runde Hüften. Aber auch vor 300 Jahren waren die Frauen manchmal beleibt. Deswegen mussten sie ihren Bauch zusammenschnüren. Ein Korsett* mit Stäben aus Fischknochen wurde ganz eng zusammengezogen. Manchmal mussten zwei Dienerinnen anpacken und an jeder Seite ziehen. Oft war das Korsett dann viel zu eng. Es raubte den Damen den Atem, und sie fielen häufig in Ohnmacht.

(Wörteranzahl: 77)

*darf buchstabiert werden

Weiß wie Schnee

Das alte Bild an der Wand ist etwas verstaubt und vergilbt, aber man erkennt Frauen mit großen Hüten und langen Kleidern. Geschützt von Sonnenschirmen gehen sie an einem gelben Sandstrand entlang und plaudern fröhlich. Wollen sie denn ihrer Haut nicht etwas Bräune gönnen? Nein, noch vor hundert Jahren galt Blässe als Schönheitsideal. Oft mussten die Frauen ihrer Schönheit mit viel weißem Puder nachhelfen. Pech für arme Frauen: Sie mussten im Freien arbeiten und wurden braun.

(Wörteranzahl: 78)

Trippelnde Schönheiten

Manche alte Frauen in China haben winzige Füße. Als sie kleine Mädchen waren, wurden ihre Füße eng gewickelt und abgebunden. Ihre Eltern glaubten, ihnen damit etwas Gutes zu tun. Denn eine Frau mit Füßen halb so groß wie ihre Hände galt als bildhübsch. Es steigerte die Chancen* auf einen reichen Ehemann. So manches Mädchen mag sich vergeblich dagegen gewehrt haben. Doch eine Frau mit Lotusfüßen kann nicht richtig laufen, sondern nur trippeln. Ein schweres Opfer für die Schönheit.

(Wörteranzahl: 80)

*darf buchstabiert werden

- Die Laute *b* und *p* kann man beim Hören nicht immer leicht unterscheiden.

- Wenn du ein Wort mit *b* und *p* am Ende verlängerst, kommst du oft auf die richtige Schreibweise.
  Beispiele: halb – halbe, Stab – Stäbe.

- Es hilft auch, wenn du das Wort ableitest.
  So erkennst du leichter den richtigen Buchstaben.
  Beispiel: beliebt – lieben.

Schmuck

Lebenslang geschmückt

Nicht jeden Schmuck kann man am Abend ablegen. Wer seine Haut mit einer Tätowierung verziert, hat sie sein ganzes Leben. Erfunden wurde dieser Körperschmuck vor etwa 7 000 Jahren in Südamerika. Dort fand man Mumien mit Tätowierungen an Händen und Füßen aus dieser Zeit.

Wer schön sein will, muss leiden

Die ältesten Ohrringe wurden in Asien gefunden, wo sie schon vor 8 000 Jahren als Schmuck dienten. Aber ohne Ohrloch sind Ohrringe nutzlos. Früher wurde das Löchlein mit Nadeln, Sicheln oder Zangen gebohrt. Heutzutage benutzt man eine Ohrlochpistole.

Lange Haare unerwünscht

Im Mittelalter hatten alle Frauen lange Haare. Aber die Kirche verbot ihnen, sie offen zu tragen. Deswegen mussten die Frauen sie flechten oder hochstecken. Dazu benutzten sie Bänder oder auch Haarreifen, die damals erfunden wurden. Heute werden Haarreife einfach als Schmuck getragen.

Freundschaften knüpfen

Südamerika ist das Ursprungsland der Freundschaftsbändchen. Dort bindet man das Band mit drei Knoten am Handgelenk von Freunden fest. Diese wünschen sich dabei etwas. Wenn das Bändchen von alleine dann abfällt, geht der Wunsch in Erfüllung. Diese Erfindung ist inzwischen überall auf der Welt beliebt.

Wusstest du schon, ... ?

... dass früher die meisten Matrosen einen goldenen Ohrring trugen? Wenn die Seeleute starben, konnte man mit dem Ohrring die Beerdigung bezahlen.

... dass du für ein Freundschaftsbändchen acht Fäden brauchst und diese mit ungefähr 300 Knoten miteinander verknüpfst?

... dass es in Japan Badeanstalten gibt, die tätowierte Menschen nicht betreten dürfen?

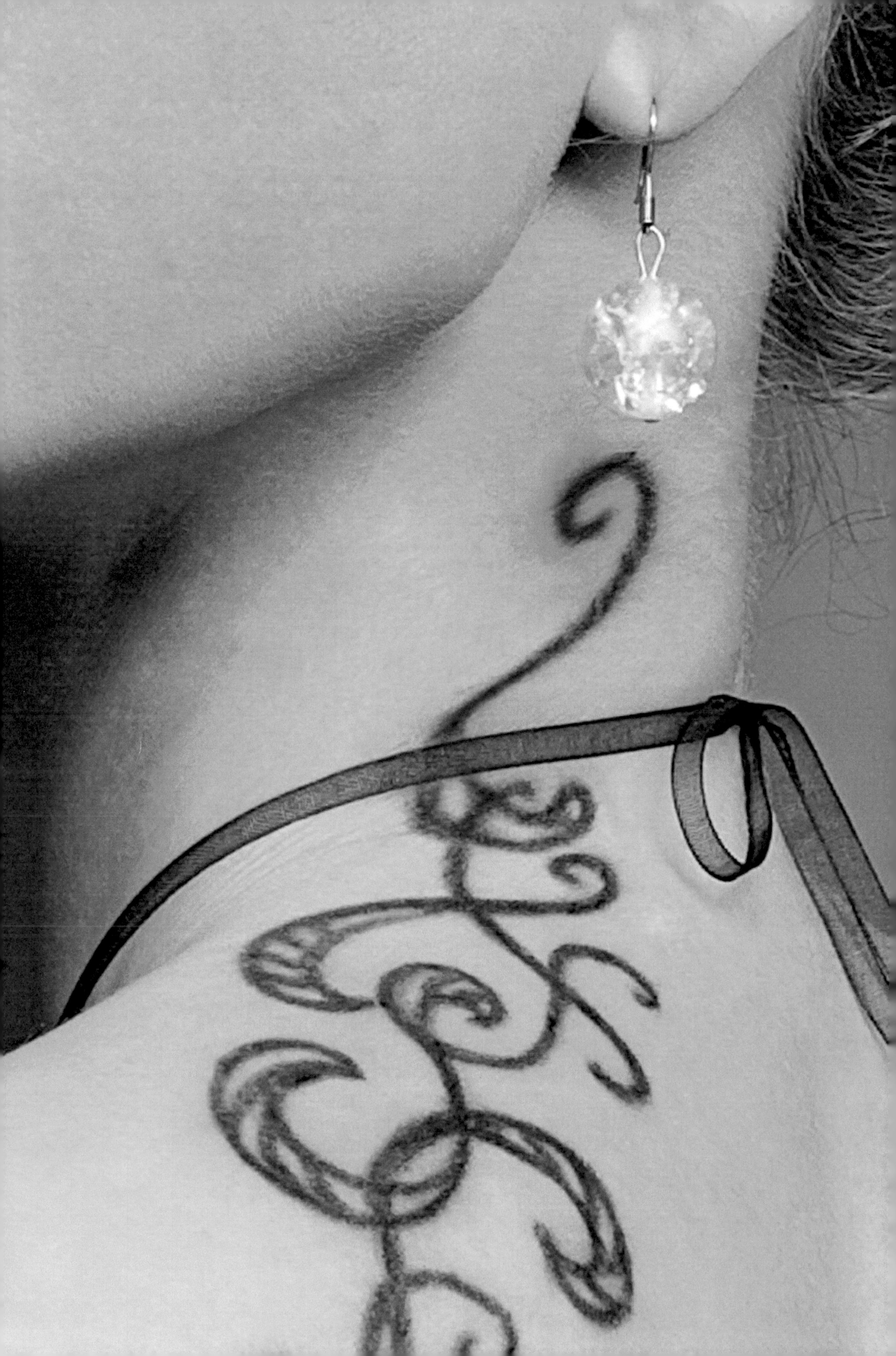

Gestochene Bilder

Ole zeigt stolz den blauen Drachen auf seinem Oberarm. Der speit Feuer und fletscht die Zähne. „Ist mein Tattoo* nicht stark? Es geht nie wieder weg!“ So ein Angeber! Natürlich wurde das Bild nicht mit Nadeln in seine Haut gestochen. Das ist bei Kindern gar nicht gestattet. Denn beim Tätowieren spritzt man Farbe tief in die Haut hinein. Manchmal können sich diese Stiche entzünden. Aber viele Menschen finden diesen Dauerschmuck schön. Oles Drachen ist natürlich nur aufgeklebt.

(Wörteranzahl: 79)

*darf buchstabiert werden

Geheim TIPP

Es gibt kein deutsches Wort, das mit *scht* oder *schp* beginnt.

Hübsch mit Haarreif

Findest du lange Haare schön? Man kann beim Nachdenken mit ihnen spielen. Man kann sich Strähnen ins Gesicht fallen lassen, wenn man nicht gesehen werden will. „Aber manchmal sind sie lästig“, stöhnt Lina. Dann benutzt sie einen Haarreif. Aber wenn sie sich damit im Spiegel betrachtet, findet sie sich zu brav. Zum Geburtstag hat sie einen mit Katzenohren bekommen. Auch wenn alle lachen: Ihr gefällt er richtig gut. Und die Spangen dazu leuchten im Dunkeln wie Katzenaugen.

(Wörteranzahl: 80)

Freundschaftliche Knoten

Jenny* hat sich mit Katja gestritten. Seit drei Tagen sprechen sie nicht mehr miteinander. Aber keine will über ihren Schatten springen und auf die andere zugehen. Da hört Jenny auf dem Markt viele laute Stimmen. Warum rufen sie denn Vornamen? Jenny erspäht eine südamerikanische Frau. Sie knüpft in Windeseile Freundschaftsbändchen. In jedem erscheint in bunten Farben ein zugerufener Name. Jenny staunt, und bald streicht sie über ein rotes Bändchen mit Katjas Namen. Dieses Geschenk wird den Streit beenden.

(Wörteranzahl: 80)

*darf buchstabiert werden

Versteckspiel

„Wo hat er sich bloß versteckt?“ Michis Schwester ist ganz verstört. Einer ihrer Lieblingsohrringe ist spurlos verschwunden. Er ist mit blauen Steinen besetzt. Viele Mädchen haben schon so gesucht. Denn seit Jahrtausenden tragen Frauen überall auf der Welt Ringe, Stecker oder Hänger am Ohrläppchen. Seit etwa 300 Jahren begeistern sich auch Männer für Ohrringe. Michi gehört nicht zu ihnen. Er verspricht aber, bei der Suche zu helfen. Bald hat er das gute Stück in einem Spalt unterm Spiegel gefunden.

(Wörteranzahl: 80)

- Wenn *st* oder *sp* die Anfangsbuchstaben eines Wortes oder einer Silbe sind, werden sie wie *sch* gesprochen. Beispiele: stöhnen, sprechen, gestochen.

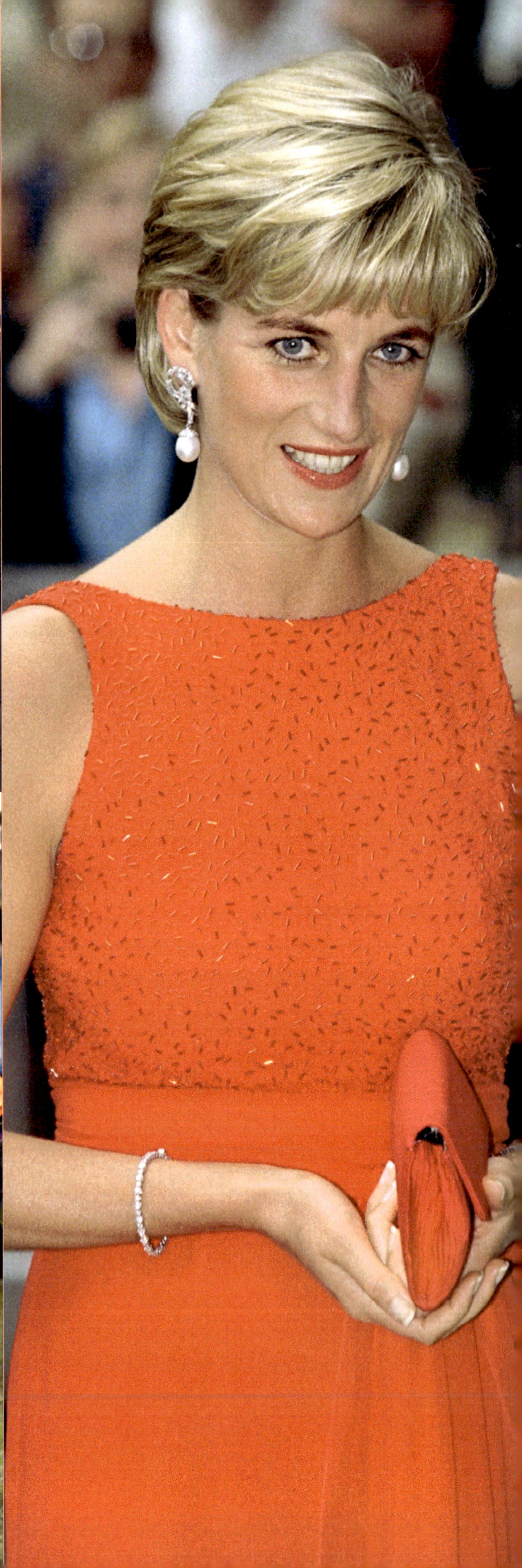

Plötzlich Prinzessin

Die Prinzessin, die keine ist
Kate Middleton ist eigentlich keine echte Prinzessin, obwohl sie einen Prinzen geheiratet hat. Nach der Hochzeit mit Prinz William hat die Königin von England ihr den Titel einer Herzogin verliehen. Aber das macht nichts. Kates Eleganz und Ausstrahlung sind schon jetzt königlich.

Auch Prinzessinnen müssen verzichten
Masako wurde 1993 die Kronprinzessin von Japan. Da heiratete sie den japanischen Kronprinzen Naruhito. Aber bis dahin war es ein schwerer Weg. Denn lange Zeit war die Familie des Kronprinzen gegen Masako. Auch für Masako war es keine leichte Entscheidung, denn sie musste mit der Hochzeit ihren Beruf aufgeben.

Königin ohne Krone
Lady Diana heiratete 1981 den englischen Thronfolger Prinz Charles. Damit wurde sie zur Kronprinzessin des Vereinigten Königreiches. Sie wurde zwar nie Königin des Landes, aber nach ihrem Tod im Jahr 1996 erhielt sie den Titel „Königin der Herzen". Denn Menschen in Not und Kinder lagen ihr am Herzen. Für sie setzte sie sich ein.

Prinzessin mit Schulproblemen
Victoria von Schwedin wurde als Kronprinzessin geboren. Sie musste sich schon früh auf das zukünftige Amt als Königin vorbereiten. Das war aber gar nicht so einfach, denn sie hatte Schwierigkeiten mit dem Lesen und Schreiben. Doch heute weiß sie, wie sie mit ihrer Schwäche umgehen muss, sie lernt zum Beispiel ihre Ansprachen auswendig. Außerdem setzt sie sich für Kinder ein, die das gleiche Problem haben.

Wusstest du schon, ...?

... dass die Schleppe von Lady Dianas Hochzeitkleid acht Meter lang war und ihre Hochzeit mit Prinz Charles von etwa einer Milliarde Menschen am Fernseher und am Radio mitverfolgt wurde?

... dass Prinzessin Victoria von Schweden als junges Mädchen so sehr unter den ständigen Zeitungsberichten über sie litt, dass sie krank wurde?

... dass für mehr als ein Drittel der deutschen Mädchen und jungen Frauen Herzogin Kate die beliebteste „Prinzessin" ist?

Hinter hohen Mauern

Der japanische Kaiser soll von einer Sonnengottheit abstammen. Deswegen lebt er mit seiner Familie in einer abgeschotteten Welt. Das stille Leben hinter den hohen Palastmauern ist für Prinzessin Masako aber nicht immer leicht. Sie muss sich an strenge Regeln halten, und sie soll einen männlichen Thronfolger zur Welt bringen. Aber wenn sie nur Töchter bekommt? Masako hat bis jetzt vergeblich auf einen Sohn gehofft. Nun wird wohl ihr Neffe später Kaiser werden.

(Wörteranzahl: 75) *darf buchstabiert werden

Kronprinzessin

Victoria* von Schweden war schon immer Prinzessin. Als ältestes Kind des schwedischen Königs wird sie einmal seine Nachfolgerin. Ob die Liebe zu ihrem Ehemann sie wie ein Blitz getroffen hat? Victorias* Vater soll nicht begeistert gewesen sein, dass der Gatte der zukünftigen Königin ein Sport-Trainer* ist. Aber die Prinzessin ließ sich nicht beirren. Ganz Schweden freute sich über ihre Hochzeit mit Daniel. Bald danach wurde Victoria* Mutter. Mit der kleinen Estelle* hat Schweden nun eine Prinzessin mehr.

(Wörteranzahl: 78) *darf buchstabiert werden

Königin der Herzen

Diana* kam aus einer vornehmen Familie, war hübsch und hatte eine Arbeit, die sie liebte. Doch als der englische Kronprinz sie heiraten wollte, ergriff sie ihre Chance*. Es fand eine Märchenhochzeit statt. Bald schon kamen die Söhne William* und Henry* auf die Welt. Dennoch war Diana* unglücklich. Sie wurde immer stummer und dünner. Es kam zur Trennung. Weil sie viel Gutes tat, liebten die Menschen sie. Nach ihrem Tod bei einem Autounfall trauerte die ganze Welt.

(Wörteranzahl: 79) *darf buchstabiert werden

Geheim TIPP

Lautes Aussprechen hilft dir: Klingt der Vokal kurz und knapp, wird der Konsonant danach meistens verdoppelt.

Gute Schule

Kates* Eltern hatten eine gute Idee: Sie eröffneten ein Geschäft, das sich um die Ausstattung von Kindergeburtstagen kümmerte. Bald waren sie so erfolgreich, dass sie Kate* und ihre Schwester auf eine teure Schule schicken konnten. Auf dieser Schule haben sich Kate* und William* kennen gelernt**. Jahrelang waren Kate* und der Enkel der Königin von England ein Paar. Dann gab die Großmutter endlich ihre Erlaubnis für eine Märchenhochzeit. Hoffentlich werden die beiden glücklicher als Williams Eltern.

(Wörteranzahl: 77) *darf buchstabiert werden
***kennengelernt* ist auch richtig

- Nach einem kurzen, betonten Vokal folgen häufig doppelte Konsonanten. Beispiele: stumm, dünn, Sommer.

Gut gelagert essen
Die Esstische bei den Römern waren sehr niedrig. Man legte sich zum Essen nämlich auf Speisesofas nieder. Sklaven schnitten die Speisen in mundgerechte Stücke, die dann mit den Fingern gegessen wurden. Auf dem Tisch standen kleine Wasserschälchen zum Händewaschen.

Kluge Sklaven
Viele Gefangene, die die Römer von ihren Eroberungszügen mit nach Hause brachten, wurden als Sklaven gehalten. Oft waren es kluge Menschen, die dem Hausherrn mit Rat und Wissen dienten. Viele Sklaven unterrichteten auch die Kinder der Reichen.

Erholung in der Therme
Körperpflege spielte bei den Römern eine große Rolle. Ein eigenes Badezimmer konnten sich jedoch nur wenige leisten. Deshalb waren die vielen Thermen bei den Römern sehr beliebt. In solchen gut geheizten Badehäusern wuschen und erholten sie sich. Aber sie trieben dort auch Sport und trafen sich mit Freunden.

Leben bei den Römern

Eintönige Mode
Römische Frauen kleideten sich recht gleichförmig. Meistens trugen sie eine „Tunika“. Das ist ein einfach geschnittenes Stoffgewand, das unter der Brust oder in der Taille zusammengerafft wurde. Um die Schulter wickelten sie ein großes rechteckiges Tuch, die „Palla“. Diese konnten sie sich auch über den Kopf ziehen oder deren Enden elegant über dem linken Arm tragen.

Wusstest du schon, ...?

... dass die Römer die Erfinder der Fußbodenheizung sind? In ihren Baderäumen hielten sie eine angenehme Temperatur, weil unter den Bodenplatten Rinnen mit heißem Wasser verliefen.

... dass die Väter in Rom so viel Macht über ihre Familie hatten, dass sie sogar ihre Kinder als Sklaven verkaufen konnten?

... dass die römischen Bräute nicht „ganz in Weiß“ heirateten? Das Brautgewand bestand aus einer weißen Tunika und einem flammend roten Schleier.

Früh verheiratet

Wir sind im alten Rom vor 2000 Jahren. Darf ich dir Octavia* vorstellen? Octavia* ist acht Jahre alt und besucht eine Schule. Das ist nicht selbstverständlich. Arme Mädchen in ihrem Alter müssen schon viel arbeiten. Aber Octavias* Vater ist wohlhabend. Deswegen darf sie noch vier Jahre lang lernen. Aber mit zwölf Jahren wird sie heiraten. Vielleicht hat ihr Vater schon einen reichen Ehemann gefunden. Dann wird Octavia* ihr Leben in einer Villa mit vielen Sklaven verbringen.

(Wörteranzahl: 78) *darf buchstabiert werden

Haarungetüm

Octavias* Mutter Sylvia* hat einen scharfen Verstand und ist eine schöne Frau. Manchmal ist sie aber über die viele Zeit verärgert, die sie mit dem Frisieren verbringen muss. Zurzeit sind hoch getürmte Lockenfrisuren angesagt. Die Sklavinnen waschen und färben Sylvias* Haare, bevor die Locken gewickelt werden. Vorsichtig befestigen sie versteckte Bänder in dem hohen Ungetüm. Sonst würde es zusammenfallen, und sie könnte das wertvolle Diadem* verlieren. Nur wegen dieser Mode ist die kleine Frau jetzt zwei Meter groß.

(Wörteranzahl: 79) *darf buchstabiert werden

Kein Einkaufsbummel

Nun macht Sylvia* sich auf den Weg zu einem Festmahl. Halt! Sie darf das Gastgeschenk nicht vergessen. Es ist eine wertvolle Vase. Frauen ist es verboten, mit einem Wagen zu fahren. Deshalb lässt sie sich von ihren Sklaven in einer Sänfte durch die vollen Straßen tragen. Die vielfältigen Auslagen vor den Läden sind eine große Versuchung. Denn auch Römerinnen hatten großes Vergnügen beim Einkaufen. Aber eine Verspätung würde den Gastgeber furchtbar verärgern.

(Wörteranzahl: 74) *darf buchstabiert werden

Geheim TIPP

Am besten legst du dir eine Liste an, in die du alle Wörter mit *v* schreibst.

Essen wie bei den Römern

Reiche Römer wie Sylvia* verbrachten viel Zeit bei Festessen. Als Vorspeise wurden nicht nur Gemüse und Oliven gereicht, sondern auch gebratene Vögel. Darauf folgten verschiedene Fleischsorten. Aber Rindfleisch verzehrte man nicht gerne. Da es von Arbeitstieren stammte, war es vermutlich relativ zäh. Zum Abschluss gab es Obst und Kuchen. Trotz der vielen verschiedenen Speisen kannten die Römer nur den Löffel als Essbesteck. Ach ja, es war verboten, während der Mahlzeit aufzustehen.

(Wörteranzahl: 77) *darf buchstabiert werden

- Das *v* wird manchmal wie ein *w* und manchmal wie ein *f* ausgesprochen. Es gibt keine Regel dafür. Du musst dir die Schreibweise also merken. Beispiele: Vase, Vater

Spielen und Spielzeug

Not macht erfinderisch
Spielzeug ist oft aus Kunststoff. Um diesen herzustellen, braucht man Erdöl. Als vor etwa 40 Jahren das Erdöl sehr knapp wurde, stieg auch der Preis für Spielzeug aus Kunststoff. Damals wurden die kleinen Playmobil-Figuren erfunden. Seitdem gehören die Playmobil-Welten zu dem beliebtesten Spielzeug in ganz Deutschland.

Wusstest du schon, ...?

... dass das Rosa der Barbie-Verpackung „Barbie-Pink" heißt und nur für Barbies verwendet werden darf?

... dass es 6 670 903 752 021 072 936 960 (etwa 6,7 Trilliarden) verschiedene Möglichkeiten gibt, ein 9x9-Sudoku zu füllen?

... dass 2002 ein Extrem-Skater beinahe 292 Kilometer pro Stunde gefahren ist? Er ließ sich auf einer gesperrten Strecke von einem Motorrad ziehen.

Barbie stammt aus Deutschland
Vor über 60 Jahren brachte eine amerikanische Mutter ihrer Tochter eine Puppe von ihrer Deutschlandreise mit. Die Puppe war schlank und trug einen blonden Pferdeschwanz wie eine damals bekannte Comicfigur. Bald wurde die Puppe auch in Amerika hergestellt. Sie erhielt den Namen „Barbie“ nach der beschenkten Tochter.

Die verflixten Neun
Bei einem Sudoku müssen neun mal neun Kästchen mit den Zahlen von eins bis neun gefüllt werden. In Japan werden seit 1986 Sudokus veröffentlicht. Ein Besucher aus Neuseeland war von diesem Zahlenrätsel sehr begeistert und überlegte sich, wie man sie mit dem Computer herstellen kann. Seitdem bieten unzählige Zeitungen weltweit täglich neue Sudokus an.

Superschnelle Rollschuhe
Eishockey-Spieler rasen auf Schlittschuhen über das Eis. Doch das Training im Sommer war lange Zeit ein Problem. 1990 wurde daher ein Schlittschuh ohne Gleitschienen, aber mit vier Rollen entwickelt. Diese liegen in einer Reihe hintereinander. Die schnellen Inline-Skates begeisterten Jung und Alt. Und bald schon lösten sie die Rollschuhe auch auf den Straßen und Spielplätzen ab.

Weihnachtswünsche

Viele Mädchen sind stolz auf ihre Puppen. Und am meisten genießen sie es, wenn sie sie ganz wie Erwachsene kleiden können. Glücklicherweise gibt es für Barbies* eine beinahe unbegrenzte Auswahl an modischen Kleidern. Und so viel nützliches Zubehör! Vor Weihnachten hat Lena einen Wunschzettel geschrieben. Nur Barbie-Sachen* standen darauf, und die Liste war nicht gerade kurz. Ein bisschen schmerzlich war es dann schon, als nicht alles in Erfüllung ging. Vater sagte scherzhaft: „Gut, dass du im März Geburtstag hast!“

(Wörteranzahl: 80) *darf buchstabiert werden

Geheim TIPP

Dieser Merksatz hilft dir dabei,
dir die Regel einzuprägen:
z oder *tz*, das ist nicht schwer.
Nur ein einfaches *z* nach *l*, *n*, *r*!

Bruderherz

Bald hat Tessas kleiner Bruder Tobi Geburtstag. Dafür braucht sie ein Geschenk. Als sie ihr Sparschwein schüttelt, ist es zu ihrer Bestürzung leer. Was nun? Da stößt sie auf den Holzkasten mit ihren alten Playmobil-Figuren*, die sie schon beinahe vergessen hat. Aber soll sie sich wirklich von den winzigen Männchen trennen? Eigentlich hat sie herzlich wenig Lust dazu. Tobi kann ganz schön nerven, und seine Scherze sind meist nicht witzig. Aber dieses Geschenk wird seine Augen zum Glänzen bringen.

(Wörteranzahl: 80) *darf buchstabiert werden

Geduldsspiele!

Sina kann Sudokus* nicht leiden. Schon wieder hat sich Mama mit ihrem Zahlenrätsel hinter ihrem Schreibtisch verschanzt. „Nur eine winzige halbe Stunde!“, hat sie gebeten. Das soll wohl ein Scherz sein! Ein schwieriges Rätsel kann Mama den halben Nachmittag beschäftigen. Selbst am Telefon ist sie dann kurz angebunden. Neulich hat sie wegen der Sudokos das ganze Abendessen anbrennen lassen. Und warum ist Papa so grenzenlos geduldig mit ihr? Ganz einfach: Mama versteht, wenn er kurz an seinen Computer geht.

(Wörteranzahl: 80) *darf buchstabiert werden

Unterwegs auf vier Rollen

Maja will nur kurz ihre Freundin besuchen. Ihr Fahrrad kann sie nicht nehmen, das hat einen Platten. Sie bittet ihr Bruderherz um Hilfe. „Ich muss jetzt zum Arzt. Nimm doch deine Inliner*“, sagt Malte. So ein Faulpelz! So schlimm sind seine Kopfschmerzen doch gar nicht. Aber zu Fuß will sie auch nicht gehen. Also zieht sie die Inliner an. „Vergiss die Knieschützer nicht!“, ruft Malte ihr noch hinterher. Aber da ist sie schon weg.

(Wörteranzahl: 78) *darf buchstabiert werden

- Auf die Konsonanten *l*, *n* und *r* folgt immer nur ein *z*, niemals *tz*.
  Beispiele: Pelz, ganz, Herz.

Leben in der Steinzeit

Spiel und Spaß
Nicht nur kleine Puppen aus Knochen und Ton zeigen, dass man in der Steinzeit den Kindern ihren Spaß gönnte. Sehr früh gab es auch schon Flöten. Außerdem fand man Knochenplättchen, durch die eine Sehne gezogen werden konnte. Man schwang diese durch die Luft und erzeugte so Musik.

Keine Wahl bei Klamotten
Die Kleidung der Steinzeitmenschen bestand fast nur aus Häuten und Fellen. Da diese oft hart wurden, ließ man sie im sauren Moorwasser gerben. Danach ließen sie sich dehnen. Mit scharfen Steinen wurden die Häute und Felle dann zerschnitten und mit Sehnen oder Fäden aus Gras und Haaren vernäht.

Vom Stein zur Klinge
2,5 Millionen Jahre ist es her, dass die Menschen zum ersten Mal Werkzeuge benutzten. Aus unförmigen Steinen schlugen sie scharfe Stücke ab. Später wurden daraus Faustkeile und Klingen entwickelt, die als Messer oder Äxte dienten.

Im „Ice Age“ überleben

Vor etwa 18000 Jahren war ein großer Teil Europas von Gletschern bedeckt. Aber zum Glück kannten die Steinzeitmenschen schon das Feuer. Das brauchten sie auch in den eisfreien Gebieten, um sich warm zu halten, zu kochen und sich vor wilden Tieren zu schützen. Dazu drehten sie einen Holzstab so lange schnell auf einem Holzstück, bis dieses zu schwelen begann und trockenes Laub entzündete.

Wusstest du schon, ... ?

... dass durch die Erfindung des Kochens das Gebiss der Steinzeitmenschen kleiner wurde? Dadurch konnte sich die Sprechfähigkeit besser ausbilden.

... dass es in der Steinzeit schon Leggings gab? Man wickelte Felle um die Beine und band sie über der Hüfte fest. Darüber trug man ein Obergewand.

... dass in vielen Kindergräbern Spielzeug gefunden wurde?

Wanderung zur Steinzeit

Gestern machte Familie Herzog einen Ausflug zu einer Höhle. Sie lag weit oben an einem steilen Berg. Die Kinder jammerten: „So ein schöner Tag. Wir hätten schwimmen gehen sollen!“ Oben angekommen kamen sie aber gewaltig ins Staunen. In der Höhle hatten nämlich Steinzeitmenschen gelebt. Man hatte hier ihr Werkzeug gefunden: Faustkeile und Haumesser. Als die Kinder richtig hinschauten, erkannten sie sogar noch rätselhafte Bilder an der Höhlenwand. Auf dem Rückweg hatten sie es nicht mehr so eilig.

(Wörteranzahl: 80)

Ohne Kochtopf kochen

Endlich hatten die Männer Erfolg bei der Jagd. Es war schwierig gewesen, das Mammut zu erlegen. Doch Fleisch war wichtig fürs Überleben. Aber wie wurde es gekocht? Töpfe aus Metall und Ton gab es noch nicht. Die Steinzeitmenschen legten das Fleisch in eine mit Wasser gefüllte, tiefe Steinmulde. Dann warfen sie vom Feuer erhitzte Steine hinein. Im heißen Wasser konnte das Fleisch richtig gut garen. Nun waren die Mahlzeiten nicht mehr so karg wie zuvor.

(Wörteranzahl: 78)

Weder Pumuckl* noch Playmobil*

Die kleine Knochenfigur war arg zerkratzt und winzig. Bald waren sich die Forscher einig: Hier hatten Eltern ihren Kindern ein Püppchen geschnitzt. Denn sicherlich war es auch den Steinzeitkindern im Winter manchmal langweilig. Und gelangweilte Kinder treiben Unfug. So brauchte man auch damals Spielzeug für die genervten Kleinen, auch wenn diese bestimmt wenig Freizeit hatten. Man fand nämlich auch Arbeitsgeräte extra für Kinder. Die waren wohl nötig, damit sie den Erwachsenen bei der Arbeit helfen konnten.

(Wörteranzahl: 80)

*darf buchstabiert werden

Geheim TIPP

Verlängere Wörter, die auf *g* enden, indem du beispielsweise den Plural bildest. Dann hörst du schnell die richtige Schreibweise. Beispiel: Berg – Berge.

Durchs Nadelöhr

Geduldig ritzte die Steinzeitfrau zwei tiefe Rillen in einen Knochen. Unten trafen sie sich in einer Spitze. Oben waren sie bogenförmig verbunden. Dort bohrte sie mit einem spitzen Stein ein Loch. Nun schnitt sie noch einmal schräg in die Rillen hinein, und der Splitter sprang heraus. So wurden Nadeln in der Steinzeit hergestellt. Das Loch darin war groß genug für eine Tiersehne. Man zog sie durch das Nadelöhr. Mit ein wenig Geschick konnte man nun hübsche Pelzkleidung nähen.

(Wörteranzahl: 80)

- Der Buchstabe *g* klingt am Wortende oft wie ein *k*. Deutliche Aussprache hilft dir hier weiter. Beispiele: Unfug, schräg.
- Wenn Adjektive auf *-ig* enden, hört sich das wie *-ich* an. Beispiele: wichtig, nötig.

Die Supernudel
Es gibt Spaghetti zu kaufen, die doppelt so lang sind wie dein Unterarm. Das kann dann beim Essen recht mühsam sein. Was macht man aber mit einer Nudel, die 180 Meter lang ist? Solch eine Nudel wurde 2004 in Wien hergestellt. 50 Nudelportionen wurden aus ihr zubereitet. So konnte man die Supernudel essen.

Die größte Pizza der Welt
1990 wurde die größte Pizza der Welt gebacken – und zwar in Südafrika. Sie hatte einen Durchmesser von 37,4 Metern.

Was haben Pommes frites mit Elefanten zu tun?
Pommes frites sind in Deutschland sehr beliebt: Pro Jahr werden ungefähr 300 000 Tonnen verkauft. Das entspricht dem Gewicht von 60 000 Elefanten.

Lieblingsessen

Ein fleischloser Hamburger
Millionen Menschen lassen sich täglich einen Hamburger mit seiner Fleischscheibe schmecken. Aber was machen Vegetarier, die kein Fleisch essen wollen? Damit auch sie einen Hamburger genießen können, hat man den „Veggie-Burger“ erfunden. Er besteht aus Gemüse, Nüssen und Pilzen.

Wusstest du schon, ... ?

... dass die längste Nudel der Welt aus einem Teigstück gezogen wurde, das nur 1 500 Gramm wog? Das ist so viel wie 1,5 Packungen Zucker.

... dass „papas fritas“ keine gebratenen Väter sind? Mit dieser Bezeichnung bestellst du dir in Spanien eine Portion Pommes.

Heute schon genudelt?

Nudeln mit Tomatensoße schmecken vielen Kindern. Erfunden wurden Nudeln in China. Dort entdeckte sie vor etwa 800 Jahren ein italienischer Weltreisender. Auf seiner Rückreise hatte er das Rezept in seinem Gepäck. Seitdem gibt es vor allem in Italien zahllose dicke und dünne Nudelarten. Manche sehen aus wie kleine Locken. Nudeln haben aber eine viel längere Geschichte. Denn vor einigen Jahren fand man in China einen 4000 Jahre alten Steintopf. In ihm waren die Reste eines Nudelgerichts. Lecker!

(Wörteranzahl: 80)

Geheim TIPP

Lautes Sprechen hilft Dir bei der Unterscheidung von *k* und *ck*. Ist der Vokal davor lang, schreibst du *k* wie in *Laken*, ist er kurz, schreibst du *ck* wie in *Lack*.

Ein flaches, rundes Brot

Tinas Vater ist heute der Koch. Er hat zwei Packungen Pizza gekauft und schiebt sie in den Ofen. Schon vor vielen tausend* Jahren haben Menschen flache Brote gebacken. In Italien hatte man schließlich eine Verbesserung entdeckt. Mit einem Belag aus Öl und Tomaten schmeckte so ein Brot nicht so trocken. Erst später kam der Käse dazu. Heute verstecken sich unter dem Käsebelag oft Fisch, Speck und andere Leckereien. Deswegen ist die Pizza überall beliebt.

(Wörteranzahl: 78)

**Tausend* ist auch richtig

Was früher einmal ein Fisch war

„Pommes* mit Ketchup*, bitte!“ In vielen Lokalen kennt man diese Bestellung. Aber wo kommen die eckigen Stäbchen eigentlich her? Es sind geschnittene Kartoffeln, und die Idee stammt aus Belgien. In kalten Wintern fingen die Fischer früher oft nichts. Deswegen schnitzten sie kleine Fische aus Kartoffeln. Diese warfen sie ins heiße Fett. Bald fand man diese Stückchen überall lecker. Mit Ketchup schmecken die „Fritten“ besonders gut. Aber Achtung vor den roten Flecken!

(Wörteranzahl: 77) *darf buchstabiert werden

Das berühmte belegte Brötchen

In Hamburg hat man gerne eine Scheibe aus gebratenem Hackfleisch zwischen zwei Brötchenhälften gesteckt. Diese Leckerei nahmen deutsche Auswanderer vor vielen Jahren mit nach Amerika. Dort packte man noch Zwiebeln, Tomaten und Käse auf das Fleisch. Fertig war der Hamburger! Schließlich begannen zwei Brüder aus Irland, in ihrem Lokal die schmackhaften Brötchen in großen Mengen zuzubereiten. Die Gäste mussten sich selbst bedienen, dafür war es dort günstig. Seitdem mögen viele Leute die lockere Art von Hamburger-Lokalen.

(Wörteranzahl: 80)

- Die Buchstabenverbindung *ck* steht immer in der Mitte oder am Ende eines Wortes. Beispiele: Socke, Sack.
- *ck* steht nur nach kurzen Vokalen. Nach langen Vokalen oder Konsonanten folgt nur *k*.
- Bei der Worttrennung steht *ck* auf der neuen Zeile. Beispiele: me-ckern, Zi-cke, Lo-cke.

Klamotten

Heiß begehrte Badelatschen

Vor knapp 20 Jahren begann die Sportlerin Stefanie Schulze, gut sitzende und bunte Stegsandalen aus hochwertigem Material in Deutschland anzubieten. Sie kannte die lässigen „Badelatschen“ aus Amerika, und war begeistert. Ihr Risiko hat sich gelohnt, Flip-Flops sind heute Kult.

Weit unterwegs

Bevor du eine neue Jeans das erste Mal anziehst, hat sie schon eine Weltreise hinter sich: Die Baumwolle wurde in Indien gepflückt, das Garn in Malaysia gesponnen, der Stoff in Mittelamerika gewebt und in Taiwan gefärbt. In China wurde die Hose schließlich genäht und in Griechenland gebleicht. Und in Deutschland liegt sie dann im Geschäft.

Der vergessene Bikini

Ein Jahrtausend altes Mosaik in Sizilien zeigt Mädchen beim Sport, die nur einen Bikini tragen. Lange Zeit geriet der Zweiteiler aber in Vergessenheit. 1946 tauchte er auf einer Modenschau in Paris wieder auf und schlug ein wie eine Bombe. Das hatte sein „Erfinder“ wohl auch beabsichtigt. Den „Bikini“ hatte er nach einem Südsee-Atoll benannt, auf dem kurz zuvor eine Atombombe gezündet worden war.

T wie T oder Tee?

Wenn man ein T-Shirt flach ausbreitet, sieht es aus wie ein *T*. Vermutlich kommt der Name daher. Oder er leitet sich vom „Tea-Shirt“, also „Tee-Hemd“ ab. In England durften die Butler beim Teeausschenken auch kurzärmelige Hemden tragen. So sollte verhindert werden, dass durch Verschütten des Tees hartnäckige Flecken entstehen.

Wusstest du schon, ...?

... dass Flip-Flops ihren Namen von dem Geräusch haben, das sie beim Laufen erzeugen?

... dass es zeitweilig Mode war, hautenge Jeans zu tragen? Mit der frisch gekauften Jeans setzte man sich in ein warmes Bad, damit sie einging. Dann passte sie niemandem anderen mehr als dem Besitzer.

... dass 1963 in Japan ein unsinkbarer Bikini mit einem besonderen Innenfutter aus Plastik angeboten wurde?

Weltberühmtes Blau

Die amerikanischen Goldgräber vor etwa 150 Jahren waren froh, als der Schneider Levi Strauss* ihnen aus blauem Segeltuch widerstandsfähige* Hosen nähte. Das Beste daran waren die Nieten, mit denen die Hosentaschen befestigt waren. Egal, ob man nun Schweres oder Spitzes in ihnen verstaute, die Taschen rissen nicht aus. Die Levi's* eroberte schnell Amerika. Nach Deutschland kam sie schließlich nach dem Zweiten Weltkrieg**. Für die Jungen war sie bald ein Zeichen für ein modernes Leben. Viele Jahre konnte man die Jeans nur in amerikanischen Armeeläden* kaufen, in denen Gebrauchtes angeboten wurde. Später wurde die Jeans auch in Europa hergestellt. Seitdem ist die Hose mit ihrem berühmten Blau auf der ganzen Welt verbreitet.

(Wörteranzahl: 112)

*darf buchstabiert werden
**Hinweis auf Großschreibung darf gegeben werden

Geheim TIPP

Wenn du nicht genau weißt, ob du ein Adjektiv großschreiben sollst, überprüfe, ob ein Artikel davor steht oder davor stehen könnte.

Heißt, wie es klingt

Etwas Ärgerliches ist passiert. Kati kann nur einen roten und einen gelben Flip-Flop* finden. Egal, dann trägt sie heute eben Rot und Gelb in der Schule. Ihre Oma schüttelt den Kopf. Sie findet, dass diese Schuhe nicht das Passende für die Schule sind. Diese Sandalen aus Kunststoff wurden doch für den Gebrauch in Badeanstalten hergestellt. Da es im Sommer aber fast nichts Billigeres und Luftigeres für die Füße gibt, wurden sie schnell sehr beliebt. Und so kann man sie heutzutage in allen Farben und Materialien* kaufen. Aber wann entstand die Idee, einen Zehensteg durch eine einfache Sohle zu ziehen und damit etwas Neues für den Schuhmarkt zu schaffen? Das war vor Tausenden** von Jahren in Ägypten.

(Wörteranzahl: 119)

*darf buchstabiert werden
***tausenden* ist auch richtig

Sparsam gekleidet

Manche Kleidungsstücke benötigen nur wenig Stoff. Dazu gehört der Bikini*. Vor sechzig Jahren gab es nichts Aufregenderes, als sich in diesem Zweiteiler zu zeigen. Denn manchmal bestand er nur aus vier Dreiecken, die mit Schnüren zusammengehalten wurden. Auf einer Modenschau waren die Anwesenden besonders verblüfft. Das Model* konnte den Bikini in einer Streichholzschachtel verstauen. So etwas Ungeheuerliches! In vielen Ländern wurde der Bikini verboten. Manche Polizeibeamte hatten nichts Wichtigeres zu tun, als am Strand nach zu leicht bekleideten Frauen zu fahnden. Und der Erfinder des Bikinis musste sich erst einmal viel Feindseliges anhören und sich sogar vor Gericht verantworten. Erst seit fünfzig Jahren ist der Bikini nichts Besonderes mehr und gehört zu jedem Strandurlaub.

(Wörteranzahl: 115)

*darf buchstabiert werden

Eines für alle

Deine Mutter trägt es und auch dein Vater. In ihm zeigen sich die Reichen und die Schönen, aber auch die Armen. Dir wurde es immer wieder angezogen, seitdem du ein Baby bist, und sicherlich besitzt du auch jetzt eines, das für dich das Liebste ist. Das T-Shirt* verbindet die Menschen überall auf der Welt und sogar die Alten und die Jungen. Ursprünglich war es nichts Besonderes, sondern nur ein Unterhemd mit kurzen Ärmeln. Aber vor über sechzig Jahren waren zwei berühmte amerikanische Schauspieler in T-Shirts im Kino zu sehen. Da sie nicht nur jung, sondern auch gut aussehend* waren, geschah etwas Vorhersehbares: Das T-Shirt wurde ein Renner.

(Wörteranzahl: 110)

**gutaussehend* ist auch richtig

- Adjektive werden normalerweise kleingeschrieben. Du kannst sie aber auch als Nomen verwenden. Dann sind es substantivierte Adjektive, und du musst sie großschreiben.
- Ein Adjektiv wird substantiviert, wenn ein Artikel oder ein unbestimmtes Zahlwort davorsteht oder das dazu gehörende Nomen im Satz fehlt. Beispiele: die Reichen, nichts Besonderes, Gebrauchtes (= gebrauchte Sachen).

Gut ausgestattet im Jenseits
Spiegel gab es schon im alten Ägypten. Das beweisen Grabfunde. Diese Spiegel waren keine beschichteten Glasplatten, wie wir sie heute benutzen. Damals polierte man runde Scheiben aus Bronze oder Kupfer spiegelglatt und befestigte sie an einem Griff. Als Grabbeigabe sorgten sie dafür, dass auch im Totenreich gutes Aussehen möglich war.

Rund ums Bad

Hast du mal ein Tempo für mich?
Japaner benutzen Papiertaschentücher schon seit Jahrhunderten. So war es eigentlich keine neue Erfindung, als eine Nürnberger Firma vor über 80 Jahren das Papiertaschentuch mit dem Namen „Tempo" auf den Markt brachte. Zunächst galten die Käufer dieser Einmal-Taschentücher als verschwenderisch. Aber heute ist der Gebrauch so üblich, dass man jedes Papiertaschentuch als Tempo bezeichnet.

Mit Musik geht alles besser

Still ist es in öffentlichen japanischen Damen-WCs selten. Auf Knopfdruck kann man das Rauschen der Klo-Spülung ertönen lassen. Damit sollen andere Geräusche übertönt werden, die als peinlich empfunden werden. Eine dieser Anlagen heißt übersetzt „Geräuschprinzessin".

Farbenprächtiger Glanz – nicht nur für Autos

Nagellack und Autos hängen enger zusammen, als man denkt. In den 1920er Jahren wurden in der Autoindustrie neue Lacke entwickelt, die haltbarere und vielfältigere Farbmischungen zuließen. Diese Entdeckung wurde kurze Zeit später auch für Nagellacke angewendet.

Wusstest du schon, ...?

... dass die Bezeichnung „00" für Toiletten daher kommt, dass diese Örtlichkeiten früher in Hotels oft auf einer Etage neben dem Aufzug untergebracht waren? Die Zimmernummern begannen dann mit 01.

... dass ein begeisterter „Tempo"-Käufer berichtete, dass er die Papiertaschentücher bis zu zehnmal waschen und sie danach immer noch benutzen könne?

Spiegelungen

Als ein Frühmensch sich einmal über eine ruhige Wasserfläche beugte, machte er eine bahnbrechende Entdeckung für die Entwicklung der Menschheit. Er konnte sein eigenes Gesicht sehen. Im Gegensatz zu Tieren hat nämlich nur der Mensch die Fähigkeit, sich im Spiegelbild wiederzuerkennen. Später benutzte man dazu mit Wasser gefüllte Schalen. Aber der Sinn für Schönheit, vielleicht auch Eitelkeit führte zu aufwändigeren* Produktionen. In türkischen Gräbern fand man flache, schwarze Steine. Mit großer Meisterschaft war vor 7 000 Jahren deren Vorderseite mit Schleifsteinen, Sand und Wasser poliert worden. Es hat wohl eine Ewigkeit gedauert, bis man sich in der glatten Oberfläche spiegeln konnte. Später hatte man mit der Herstellung von Spiegeln aus Bronze und Silber viel bessere Möglichkeiten, sich zu betrachten.

(Wörteranzahl: 119)

**aufwendigeren* ist auch richtig

Geheim TIPP

Lege dir eine Tabelle an, in die du die Nomen mit diesen sechs Endungen einträgst. So findest du sie schneller, wenn du einmal eine Schreibweise nachsehen musst.

Und weg damit!

Ein blütenweißes Taschentuch aus Stoff gehörte vor siebzig Jahren zur Grundausstattung im Schulranzen. Sei es bei Schnupfen oder Nasenbluten, es gab immer genügend Situationen, wo man es unbedingt benötigte. Trotz des lästigen Waschens und der aufwändigen* Bügelei achteten Mütter sehr darauf, dass an ihrem Sinn für Sauberkeit nicht gezweifelt werden konnte. Dabei gab es schon damals Papiertaschentücher. Aber die Aufforderung, sie nach dem Gebrauch zu vernichten, widersprach der Sparsamkeit. Vielleicht wusste man auch nicht, dass ein mehrfach benutztes Stofftaschentuch nicht unbedingt gut für die Gesundheit ist. So verschwand die nützliche Erfindung beinahe in der Versenkung. Erst nach dem Zweiten Weltkrieg** begann in Deutschland die massenhafte Produktion. So manche Erkältung wird so bestimmt schneller ausgeheilt.

(Wörteranzahl: 117)

**aufwendigen* ist auch richtig

**Hinweis auf Großschreibung darf gegeben werden

Weggespült

Maja ist in den Ferien mit ihrer Familie durch Frankreich gereist. Aber als sie zum ersten Mal ein stilles Örtchen aufsuchen wollte, war sie etwas geschockt. Ein Stehklo! Aber beim Reisen muss man auch Peinlichkeiten aushalten können, und so probierte sie es einfach einmal aus. Früher mussten die Menschen ja auch ohne eine angenehme Sitzgelegenheit mit Wasserspülung auskommen. Eine der ersten solcher Einrichtungen wurde in Deutschland vor etwa 150 Jahren auf dem Coburger* Schloss installiert. Die englische Königin hatte sich als Gast angesagt, und deswegen musste schnell ein WC extra aus England eingeführt werden. Diese Nation hatte schon früher die Vorteile einer solchen Entsorgung erkannt. Die allgemeine Einführung von WCs und eine gute Kanalisation verhinderte viele Krankheiten und gefährliche Infektionen*.

(Wörteranzahl: 120) *darf buchstabiert werden

Zehenlack

Endlich ging ein langer Wunsch in Erfüllung: Tinas große Schwester hatte ein Nagelstudio aufgesucht. Nun zeigt sie voller Begeisterung das Ergebnis dieser Unternehmung. Auf jedem einzelnen Fingernagel prankt auf türkisfarbenen Grund eine Verzierung. Ihre Mutter schenkt diesen Kreationen* nur wenig Aufmerksamkeit und fragt: „Wie willst du denn mit diesen Kostbarkeiten an deiner Hand den Abwasch machen oder mir im Garten helfen?“ Tinas Schwester ist enttäuscht über diese Nörgelei. „Keine Sorge, der Lack ist hart genug und hält jede Anforderung aus.“ Tina ist neidisch. In aller Heimlichkeit malt sie im Badezimmer ihre Fußnägel pink an. Als die Mutter hereinkommt, zieht sie schnell Socken darüber. Toll! Nun sind nicht die Nägel, sondern die Zehen pink. So eine Enttäuschung!

(Wörteranzahl: 116) *darf buchstabiert werden

- Wörter mit der Endung *-heit, -keit, -ung, -schaft, -ei* und *-ion* sind immer Nomen. Du schreibst sie groß.
  Beispiele: Krankheit, Kostbarkeit, Entdeckung, Meisterschaft, Nörgelei, Produktion.

Wer hat's

Harry Potters „Geburtsort"
Harry-Potter-Fans sollten im schottischen Edinburgh unbedingt das „Elephant Café" besuchen. Hier nämlich schrieb Joanne K. Rowling den ersten Band von Harry Potter. So sparte sie sich die Heizkosten zu Hause. Wenige Jahre später war sie Milliardärin.

Die Mutter auf den Bäumen
Astrid Lindgrens Kinder hatten sicher viel Freude, wenn ihre Mutter mit ihnen zum Spielen in den Park ging. Sie kletterte nämlich genauso gerne in den Bäumen herum wie ihr Sohn und ihre Tochter und ihre Figur Pippi Langstrumpf.

Geschichten gegen die Angst
Otfried Preußlers drei Töchter fürchteten sich beim Einschlafen davor, von Hexen zu träumen. Da erzählte er ihnen die Geschichte von einer kleinen Hexe, vor der man keine Angst haben musste. Denn eigentlich hatte sie ganz ähnliche Sorgen wie Kinder auch. Später erschienen diese Abenteuer in dem Buch „Die kleine Hexe".

geschrieben?

Der Drache mit dem Hundenamen
Cornelia Funkes erster Hund hieß Lung, genauso wie der Drache in ihrem Buch „Der Drachenreiter“. Sie hat eine ganz besondere Beziehung zu dieser Figur, denn seitdem sie das Buch geschrieben hat, sammelt sie Drachen.

Wusstest du schon, ... ?

... dass Joanne K. Rowling auch deswegen so gerne in Cafés geschrieben hat, weil sie dann nebenbei immer Menschen beobachten konnte und auf neue Ideen kam?

... dass Cornelia Funke in ihrem Garten ein Schreibhaus hat? Hier hat sie genügend Ruhe zum Schreiben und findet die besten Ideen.

Reich durch Fantasie*

Hast du dir auch schon einmal eine Geschichte ausgedacht? Oder sie sogar heimlich aufgeschrieben? Dann wirst du vielleicht einmal so eine erfolgreiche Schriftstellerin wie Joanne* K. Rowling*. Schon mit sechs Jahren schrieb sie Geschichten über ein Kaninchen. Nach ihrem Studium arbeitete als Sekretärin*. Wenn es nichts zu tun gab und ihr langweilig war, schrieb sie an ihrem Arbeitsplatz die Geschichten auf, die ihr in ihrer Freizeit eingefallen waren. Viele Jahre hatte sie wenig Geld und musste damit ihre kleine Tochter ernähren. Das war eine schwierige Zeit. Lange wollte niemand ihre Geschichte über Harry Potter drucken. Als dann ein englischer Verlag mutig genug war, war Joanne sehr glücklich. Das könnte möglicherweise auch dir passieren.

(Wörteranzahl: 116) *darf buchstabiert werden

Zum Spielen ist man nie zu alt

Astrid Lindgren* arbeitete fleißig in einem schwedischen Büro, als sie ihre ersten Geschichten schrieb. Sie hatte auch schon zwei Kinder. Wenn sie mit ihnen auf den Spielplatz ging, konnte sie nicht ruhig und geduldig auf einer Parkbank sitzen, sondern wollte selbst spielen. Sicherlich ist das der Grund, warum sie so gerne Bücher für Kinder schrieb. Viele davon sind lustig, aber manche enthalten auch schmerzliche Ereignisse. Der Schluss ist aber immer tröstlich. Traurig ist man nur, wenn das schöne Buch zu Ende ist. Aber Astrid Lindgren schrieb auch wichtige Texte für Erwachsene, in denen sie sich für eine friedlichere Welt einsetzte. Auch deswegen hat sie unzählige Preise erhalten.

(Wörteranzahl: 114) *darf buchstabiert werden

Vom Zeichnen zum Schreiben

Lesen macht häufig noch mehr Spaß, wenn es in dem Buch auch richtig gute Bilder gibt. Cornelia Funke war eigentlich Illustratorin* und hat Bilder für Kinderbücher gezeichnet. Doch oft haben ihr die Geschichten, die sie bebildern sollte, nicht so gut gefallen. Deswegen begann sie, selbst welche zu schreiben. Einmal erhielt sie den Auftrag, ein Buch ohne zornige Piraten, goldige Feen oder gefährliche Gespenster zu schreiben. So erfand sie „Die wilden Hühner“. Das ist eine Mädchenbande, die in viele abenteuerliche Situationen gerät. Nicht nur Kinder und Jugendliche lieben ihre Bücher. Auch Erwachsene mögen die von ihr erfundenen wundersamen und sonderbaren Figuren, die in fantastischen Welten leben.

(Wörteranzahl: 109) *darf buchstabiert werden

Wozu große Schulklassen gut sind

Eine Klasse mit 52 unruhigen Schülern: Ist das wirklich zumutbar? Vor 60 Jahren mussten die Lehrer solche Schulstunden aushalten. Auch der Grundschullehrer Otfried* Preußler*. Aber es ist schrecklich mühsam, einer so großen Klasse etwas beizubringen. Otfried* Preußler* hatte ein erstaunliches Geheimrezept. Er erzählte seinen Schülern Geschichten, sodass** sie aufmerksam und wissbegierig blieben. Später schrieb er diese Texte auf. Natürlich war er sehr glücklich, als ein Verlag sie druckte. Vielleicht kennst du die Kasperlgeschichte* vom Räuber Hotzenplotz*? Preußler* arbeitete eigentlich an einem unheimlichen Buch. Als er nicht vorankam, ließ er sich lieber einen lustigen Text einfallen. Seitdem können Kinder in der ganzen Welt die Geschichten vom diebischen Hotzenplotz* lesen, hören oder als Film sehen.

(Wörteranzahl: 119)

*darf buchstabiert werden
***so dass* ist auch richtig

- Adjektive werden kleingeschrieben.
- Aus vielen Nomen kann man mithilfe der Endungen *-lich, -isch* oder *-ig* Adjektive bilden. Beispiele: Schmerz – schmerzlich, Dieb – diebisch, Gold – goldig.
- Die Endungen der Adjektive mit *-lich, -ig* oder *-isch* klingen oft sehr ähnlich. Du findest die richtige Schreibweise heraus, wenn du die Wörter verlängerst. Beispiele: gefährlich – gefährliche, lustig – lustige, musikalisch – musikalische.
- Sprich die verlängerten Adjektive laut aus, dann hörst du die richtige Schreibweise.

Indien

Ein altes Fest
Mit Farben um sich zu werfen und andere bunt einzufärben, muss großen Spaß machen. Beim indischen Fest „Holi“ gehört das fröhliche Verstreuen von Farben dazu, wenn man den Sieg des Frühlings über den Winter feiert. Früher wurden die leuchtenden Farben aus Blüten, Wurzeln und Kräutern gewonnen, die auch noch eine heilende Wirkung hatten.

Tausende von Göttern
Der Hinduismus ist eine weitverbreitete Religion in Indien. Sie reicht etwa 5 000 Jahre zurück. Neben den drei Hauptgöttern Brahma, Vishnu und Krishna gibt es noch Tausende andere. Jeder darf den Gott verehren, den er möchte. Wichtiger ist es den Hindus, ein mitfühlender, pflichtbewusster Mensch zu sein. So, glauben sie, können sie nach dem Tod mächtiger wiedergeboren werden.

Tadsch Mahal
1648 wurde eines der berühmtesten Gebäude der Welt gebaut: das Tadsch Mahal. Das Gebäude aus Marmor ist kein Palast, sondern ein Grabmal. Als Mumtaz Mahal, die Frau eines mächtigen Sultans, im Sterben lag, nahm sie ihrem Mann das Versprechen ab, sie niemals zu vergessen. Dieser ließ daraufhin das Grabmal errichten.

Kastenwesen
Indiens Gesellschaft ist seit Jahrhunderten in fünf verschiedene Gruppen eingeteilt, die so genannten Kasten. Die Priester gehören der höchsten, die Fischer der niedrigsten „Kaste“ an. „Parias“ gehören keiner Kaste an und werden die „Unberührbaren“ genannt. Sie verrichten die niedrigsten Arbeiten. Da man seine Kaste nicht einfach verlassen kann, gab es schon immer große Ungerechtigkeit.

Wusstest du schon, … ?
… dass es in Indien einen Rattentempel gibt, in dem Tausende dieser Tiere leben und als heilig angesehen werden?
… dass 28 verschiedene Edelsteinsorten in den Marmor des Tadsch Mahals eingefügt wurden?

Keine freie Wahl

Wie jeden Morgen steht Sami* sehnsüchtig vor seinem Haus. Es ist noch früh, die Hitze dehnt sich noch nicht wie ein feuchtes Tuch über die Landschaft aus. Und da kommt sie schon! Verstohlen beobachtet Sami, wie die schöne junge Frau die Straße entlang schreitet. Soll er ihr zum Fluss folgen, wo sie mit zahllosen anderen Frauen die Wäsche wäscht? Aber dies wäre ein Fehler, denn niemals würde er ein Mädchen aus einer Familie der Unberührbaren zur Frau wählen können. Seine Eltern sind schon dabei, für ihn eine Gemahlin zu suchen, die wie er zu den Bauern gehört. Wie es seit Jahrhunderten in Indien üblich ist, wird auch er mit der Wahl der Familie einverstanden sein müssen.

(Wörteranzahl: 119)

*darf buchstabiert werden

Geheim TIPP

Achte bei Wörtern aus einer Wortfamilie auf den Wortstamm. Enthält dieser ein Dehnungs-*h*, findest du dieses in allen Wörtern dieser Wortfamilie. Beispiele: froh, fröhlich, Frohsinn.

Opfergang

Samis Mutter wundert sich, dass ihr Sohn schon so früh zum Tempel geht. Sie entschließt sich, ihn zu begleiten. Denn sie ist so froh, dass der Monsun* in diesem Jahr rechtzeitig kam. Nun droht keine Gefahr mehr, dass die Saat auf den Feldern vertrocknet. Und wie herrlich die Mangos* erblüht sind! Dafür möchte sie ein Dankesopfer bringen. Im Vorhof zum Tempel sitzen unzählige Frauen, die in Körben Opfergaben anbieten. Sie ersteht einen Reiskuchen und Sami wählt eine Blütenkette für die Unberührbare. Seine Mutter ahnt nicht, dass er sich ein wenig schuldig fühlt. Um ein guter Hindu zu sein, darf er nichts begehren, was ihm nicht zusteht. Sonst könnte er in einer niederen Kaste wiedergeboren werden – oder gar als Tier.

(Wörteranzahl: 120)

*darf buchstabiert werden

Im Farbenrausch

Sami freut sich schon auf das diesjährige Farbenfest. Er wird auf dem Markt Farben kaufen, die aus heilsamen Blüten und Kräutern hergestellt sind. Die wird er dann zum Tempel bringen, damit sie geweiht werden. Aufregend ist es immer, wenn am ersten Tag die Strohfigur auf dem Feuer verbrannt wird. Alle Zuschauer sind danach immer erleichtert, denn damit wird die Macht von bösen Dämonen abgewehrt. Danach wird fünf Tage lang ausgiebig gefeiert. Aber man verwöhnt sich nicht nur mit guten Speisen und Getränken. Mit ungezähmter Freude wird jedermann mit Farbe beworfen und besprüht. Ganz egal zu welcher Kaste man gehört. Die vornehmen Brahmanen* feiern mit den Geldverleihern und Schuhmachern. Ob die schöne Unberührbare auch dabei ist?

(Wörteranzahl: 117)

*darf buchstabiert werden

Hochzeitsreise

Nun ist Sami verheiratet. Wahrscheinlich hätten seine Eltern keine bessere Frau für ihn finden können. Indira ist nicht nur schön, klug und fröhlich. Sie ist auch ehrlich. Sie gestand ihm, dass sie große Angst vor der Hochzeit hatte, weil sie ihm erst da zum ersten Mal begegnete. Das ist in Indien nicht ungewöhnlich. Da Indiras Eltern wohlhabend sind, haben sie ihnen eine Reise zum Tadsch Mahal* geschenkt. Viele frisch Vermählte fahren zu diesem berühmten Denkmal. Denn es lehrt, dass die Liebe zwischen zwei Menschen über den Tod hinausgeht. Ehrfürchtig betrachten die beiden das strahlend weiße Gebäude. Als Sami seine Frau ins Innere führt, flüstert er ihr ins Ohr:„Indira, ich werde dich immer ehren und dir ein guter Gefährte sein!“

(Wörteranzahl: 120)

*darf buchstabiert werden

- Spricht man Vokale und Umlaute lang, werden sie oft durch ein Dehnungs-*h* ergänzt. Beispiele: froh, früh.
- Das Dehnungs-*h* steht oft vor den Konsonanten *l, m, n* oder *r.* Beispiele: kahl, nahm, ihn, Ohr.

Sportlerinnen und

Mutige Gipfelstürmerin
14 Berge dieser Erde sind über 8000 Meter hoch. Gerlinde Kaltenbrunner ist die erste Frau, die all diese Berge ohne Sauerstoffmaske bestiegen hat. Dieses Ziel erreichte sie 2011, als sie den zweithöchsten Gipfel dieser Erde, den K2, erklomm.

Große Ballspieler
Dirk Nowitzki ist der erfolgreichste deutsche Basketball-Spieler. 1998 nahm er ein Angebot aus Amerika an. Denn dort gibt es die besten Spieler. Seitdem spielt der 2,13-Meter-Mann für die „Dallas Mavericks“ in der NBA, der amerikanischen Baseketball-Liga. 2011 geschah etwas Großartiges: Durch Dirk wurde seine Mannschaft die beste der USA.

Wusstest du schon, … ?

… dass 1979 Hannelore Schmatz die erste deutsche Frau auf dem Gipfel des Mount Everest war? Sie kam beim Abstieg ums Leben.

… dass die ersten Körbe beim Basketballspiel Pfirsichkörbe waren, hinter die ein Brett genagelt worden war?

… dass bei der Europameisterschaft 1989 die siegreichen deutschen Fußballerinnen als Prämie ein Bügelbrett und ein Kaffeeservice bekamen?

Schneller Sebastian
Nicht immer findet man es schön, als Jüngster zu gelten. Sebastian Vettel kann stolz auf diese Bezeichnung sein. Er wurde nicht nur jüngster Gewinner einer Weltmeisterschaft, sondern war mit 25 Jahren der jüngste Rennfahrer, der drei Weltmeisterschaften gewonnen hat. Da passt es natürlich, dass er in dem Film „Cars 2“ die Rolle von Sebastian Schnell gesprochen hat.

Enttäuschte Fußballerinnen
2011 fand die Frauenfußball-WM zum ersten Mal in Deutschland statt. Ein Heimspiel also für die deutschen Frauen, die bei den beiden Weltmeisterschaften davor gewonnen hatten. Daher war die Enttäuschung groß, als die Mannschaft schon im Viertelfinale ausschied.

Sportler

Frühe Liebe

Der dreijährige Junge hatte einen Riesenspaß, als er im Kart* seine ersten Runden drehte. Ein Kart ist ein kleines Auto, mit dem auch Kinder auf bestimmten Bahnen Gas geben und im Kreis herumfahren dürfen. Und der kleine Junge war Sebastian Vettel*. Bloß ein paar Jahre später bekam er sein eigenes Kart. Aber nicht nur auf diese Weise verhalfen ihm seine Eltern zu einer großartigen Laufbahn. Oft sind sie bei seinen Kart-Rennen mit dem Wohnmobil extra angereist. Mit vierzehn Jahren wurde er Europameister in dieser Sportart. Zwei Jahre später nahm er schon an den großen Formel-1-Rennen teil und wurde immer erfolgreicher. 2010 bejubelten die Zuschauermassen den jüngsten Weltmeister aller Zeiten. Da war er 23 Jahre alt.

(Wörteranzahl: 119) *darf buchstabiert werden

Eiserne Leidenschaft

Mit dreizehn Jahren begann Gerlinde Kaltenbrunner* mit dem Bergsteigen. Obwohl sie wusste, dass ihr Hobby* einen hohen Preis kosten könnte, nahm sie sich fleißig und eisern immer höhere Berge vor. Denn sie hatte ein ehrgeiziges Ziel: Als erste Frau wollte sie alle Achttausender bezwingen, und zwar ohne Sauerstoffmaske! Um sie zu besteigen, muss man gefährliche Hänge hochklettern, die mit Schnee und Eis bedeckt sind. Manchmal kommt man bloß wenige Meter voran. Je höher man gelangt, desto dünner wird die Luft. Das Gehirn arbeitet langsamer, und manche Menschen werden verwirrt. Wenn man dann nicht aufpasst, kann man leicht in einen Abgrund gerissen werden. Trotz vieler gefährlichen Erlebnisse und einiger Misserfolge hat Gerlinde ihr Ziel im Jahr 2011 erreicht.

(Wörteranzahl: 119) *darf buchstabiert werden

Fußball-Frauen

Frauen, die schwimmen, springen und laufen: Das ist schon lange normal im Sport. Aber Frauen, die Fußball spielen, Tore schießen, sich auf dem Rasen wälzen? Das empfinden noch heute einige Menschen als unpassend. Dabei gibt es schon seit über 150 Jahren weibliche Mannschaften. Allerdings durften sie nur mit hochgeschlossener Kleidung auf dem Feld antreten. Und was bei Männern bejubelt wird, ist bei Frauen bis heute natürlich nicht üblich: sich den Schweiß mit den Trikots* wegzuwischen und diese anschließend in die Menge zu werfen. Die erste Frauen-Weltmeisterschaft fand 1991 statt. Seitdem haben sich viele Spielerinnen einen Namen gemacht. Aber auch die großartigste Fußballerin würde man kaum als Fußball-Göttin bezeichnen. Auch wenn inzwischen Millionen Menschen atemlos die Wettkämpfe der Fußballerinnen verfolgen.

(Wörteranzahl: 120) * darf buchstabiert werden

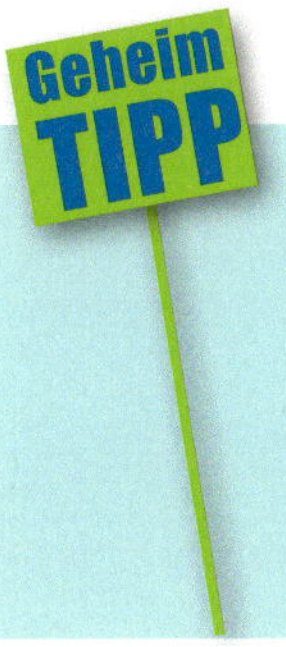

Beim lauten Aussprechen hörst du, ob ein *s* summt oder zischt und wie lang der Vokal davor ist.

Große Männer

Viele Mitfahrer passten nicht in sein kleines Auto hinein. Dirk Nowitzky* musste den Rücksitz ausbauen, um Platz für seine langen Beine zu haben. Mit achtzehn Jahren war er schon über zwei Meter groß, das richtige Maß für einen guten Basketball-Spieler*. Das allein reicht jedoch nicht. Man muss täglich hundertfach üben, den Ball sicher in den Korb zu werfen. Aber das Spiel gelingt nur zusammen mit der Mannschaft, in der alle Spieler vielseitige Aufgaben übernehmen müssen. Viele Stunden hat Dirk trainiert, um sich weiter zu verbessern. Für diesen Fleiß wurde er in Amerika sehr gelobt. Da er sich dort auch dafür einsetzt, dass benachteiligte Menschen in Sport und Bildung gefördert werden, hat sich seine Beliebtheit noch mehr vergrößert.

(Wörteranzahl: 119) *darf buchstabiert werden

- Nach einem langen Vokal wird der summende *s*-Laut (stimmhaftes *s*) im Wortinneren immer *s* geschrieben. Beispiele: Rasen, Reise, Musik.
- Folgt der *s*-Laut einem langen Vokal und wird zischend ausgesprochen (stimmloses *s*), dann schreibst du *ß*. Beispiel: Straße, groß, Fuß.
- Folgt der zischende *s*-Laut (stimmloses *s*) einem kurzen Vokal, schreibst du *ss*. Beispiel: Hass, Ross, Fluss.

Informationsaustausch

Beinahe für die Ewigkeit
Papier kannten die alten Ägypter noch nicht, aber sie hatten etwas anderes: das Papyrus. Aus der Papyruspflanze stellten sie Bögen her, indem sie die Blätter der Pflanze kreuzweise übereinander legten und sie dann pressten. Diese Bögen waren so stabil, dass viele noch heute erhalten sind.

Nicht nur für Gesangbücher
Arthur Fry hatte sich nun genug über die Merkzettel geärgert, die beim Chorsingen ständig aus seinem Gesangbuch fielen. Hatte nicht ein Kollege im Chemielabor mit neuartigem Klebstoff experimentiert? Fry entwickelte die Idee weiter und erfand einen Kleber, mit dem man Papier zwar haften lassen, aber auch problemlos wieder lösen konnte. Die Post-its waren erfunden. Das war im Jahr 1974.

Nicht nur für Wissenschaftler
Dass das Internet die Welt verändern würde, hatten die Erfinder nicht gedacht. Sie wollten Ende der 1960er Jahre nur erreichen, dass Wissenschaftler Informationen leichter austauschen konnten. Dafür wurden die Computer verschiedener Universitäten vernetzt. Heute verbindet das Internet Menschen in aller Welt miteinander.

Nicht nur im Polizeiwagen
New Yorker Polizeiwagen waren schon länger mit fest installierten Funktelefonen ausgerüstet. 1973 gelang Martin Cooper dann die Erfindung eines Geräts, das das Telefonieren völlig „losgelöst" ermöglichte. Zum Beweis hielt er einem erstaunten Passanten in einer New Yorker Straße das klobige Gerät ans Ohr, und dieser konnte das erste private Handy-Gespräch führen.

Wusstest du schon, ... ?

... dass chinesische Briefschreiber sich früher beim Empfänger dafür entschuldigten, wenn sie ihre Zeilen auf Papier und nicht auf Seide geschrieben hatten?

... dass der Erfinder der Post-its den Nutzen seiner Klebeblöcke nur beweisen konnte, indem er Tausende von ihnen an Geschäftsleute verschenkte?

... dass „matkapuhelin" das finnische Wort für Handy ist?

Geschriebene Botschaften

Ohne Bäume könntest du dieses Diktat nicht schreiben. Ich nehme doch an, dass du auf Papier schreibst und nicht auf einer Tafel oder einem Computer. Für die Herstellung von Papier werden Holz und Lumpen so fein geschnitten, dass sie mit Wasser, Leim und Bleichmitteln zu einer weißen Masse verrührt werden können. Dann wird das Ganze gewalzt und getrocknet, sodass* man daraus Bögen herstellen kann. Heutzutage verbraucht jeder Mensch etwa 250 Kilogramm Papier im Jahr. Das ist so viel, dass man sich um den Bestand der Wälder Sorgen macht. Deswegen wird das alte Papier wieder eingesammelt, sortiert und zu Brei verarbeitet. Dieser wird dann wieder zu neuen Bögen gepresst. Vielleicht hat auch dein Schreibpapier schon eine lange Geschichte.

(Wörteranzahl: 120)

*so dass ist auch richtig

Geheim TIPP

Das schreibst du mit *s*, wenn du es durch *dieses* oder *welches* ersetzen kannst. *Dass* schreibst du mit *ss*, wenn du es nicht ersetzen kannst.

Geklebte Botschaften

Lonis Mutter liebt die kleinen gelben Klebezettel so sehr, dass sie sie überall in der Wohnung verteilt. Am Kühlschrank findet Loni die Botschaft, dass dort ein leckerer Salat auf sie wartet. Auf dem Mathebuch klebt die Mahnung, dass die Hausaufgaben gründlich gemacht werden sollen. Und selbst an der Zahnpastatube hängt eine Notiz: „Ich bin dankbar, wenn man mich zuschraubt!“ Das ist ja nicht zum Aushalten. Was würde Mutter ohne Post-its* machen? Bald kann Loni das Kinderzimmer mit Mutters Botschaften tapezieren. Aber dann fällt ihr ein, dass auch sie eine Botschaft schreiben kann. „Nicht stören!“ steht nun auf einem Sticker* an ihrer Zimmertür. Er ist nicht gelb und lässt sich auch nicht ablösen. Ob das Mama beeindruckt?

(Wörteranzahl: 118)

*darf buchstabiert werden

Gefunkte Botschaften

Allmählich ist Loni sauer auf ihre große Schwester. Die beiden sollen nämlich dafür sorgen, dass die Küche aufgeräumt ist. Aber Karla telefoniert seit Ewigkeiten auf dem Handy* mit ihrer Freundin. Als dieses Gerät erfunden wurde, hätte sie das nicht so lange ausgehalten. Damals waren Handys* nämlich beinahe so schwer wie zwei große Zuckerpackungen. Da kann man sich vorstellen, dass der Arm schnell wehtat. Man konnte auch nur zwanzig Minuten sprechen. Das wäre ein großes Problem für Karla. Aber nun hat sie das Gerät auf den Tisch gelegt und räumt das Geschirr weg. Doch was ist das nun schon wieder? Das Handy tanzt summend auf der Platte umher. Karla ruft: „Das ist Steffi! Da muss ich unbedingt ran!"

(Wörteranzahl: 119)

*darf buchstabiert werden

Weltweite Botschaften

Dem Wissenschaftler Tim Berners-Lee* ist es zu verdanken, dass das Internet von jedem genutzt werden kann. Denn Texte, Bilder und Töne müssen erst in eine Computersprache „übersetzt" werden, sodass** man sie an einem anderen Rechner empfangen kann. Berners-Lee hat diese Sprache entwickelt und das Programm für das „WorldWideWeb"* geschrieben. Sein Ziel war, dass das Internet allen Menschen frei zugänglich ist und Computer-Dateien weltweit gelesen und ausgetauscht werden können. Wenn du heute also chattest* oder das neueste Video deines Lieblingsstars anschaust, hast du das diesem Engländer zu verdanken. Er wollte mit seiner Leistung nie Geld verdienen, sodass** er sie praktisch der Menschheit geschenkt hat. Kein Wunder also, dass die Queen* ihn zum Ritter geschlagen hat.

(Wörteranzahl: 118)

*darf buchstabiert werden
***so dass* ist auch richtig

- Der Artikel *das* wird immer mit einem *s* geschrieben.
  Beispiel: das Internet.

- Das Bindewort *dass* schreibst du immer mit *ss*.
  Beispiel: Aber ein Vorteil ist, dass man so viel erleben kann.

Ein Netz voller Wege

Die Seidenstraße war ein Netz voller Handelswege, das seit dem zweiten Jahrhundert nach Christi Geburt China mit Europa verband. Die Reise über diese Route war aber sehr beschwerlich, da sie durch viele Länder, hohe Gebirge und öde Wüsten ging. Deshalb trauten sich viele nicht zu, über diese Wege zu reisen.

Federleichte Ware

Und woher hatte die Seidenstraße ihren Namen? Logisch, von der Seide, die über diese Wege nach Europa transportiert wurde. Die Chinesen waren die Ersten, die Seide herstellten. Sie erkannten, dass man den endlos langen Faden einer Seidenraupe zu einem zarten Gewebe verarbeiten kann.

Wo der Pfeffer wächst

Gewürzstraße ist ein anderer Name für die Seidenstraße. Denn es wurden auch Zimt, Ingwer, Pfeffer und viele andere Gewürze über diese Wege transportiert. Diese Gewürze stammen nicht von Pflanzen, die in Europa wachsen. Vor rund 1 500 Jahren mussten sie mühsam über den langen gefährlichen Weg von Vorderasien nach Europa gebracht werden.

Die Seidenstraße

Samarkand
Entlang der Seidenstraße gab es viele wichtige Handelsstädte, in denen die Waren verkauft wurden. Dazu gehörte auch die persische Stadt Samarkand, die als eine der ältesten Städte der Welt gilt. Da sie durch den Handel sehr reich wurde, war sie auch oft umkämpft. Heute gehört Samarkand zu Usbekistan.

Wusstest du schon, ...?

... dass das Gesamtnetz der Seidenstraße vermutlich mehr als 140 000 Kilometer lang ist?

... dass es verboten war, die Seidenraupe aus China zu bringen? So sollte verhindert werden, dass in anderen Ländern der begehrte Stoff hergestellt werden konnte. Wer es doch wagte, musste mit der Todesstrafe rechnen.

Auf der Seidenstraße

Seit vielen Wochen ist Rajiv* schon im Dienst der Seidenhändler und auf dem Weg in den Westen. Aber sie sind immer noch nicht am Ziel. Als sie an den Wiesen und Reisfeldern entlang wanderten, mussten sie sich vor dem Monsun schützen. Aber schließlich waren die Waren sicher verpackt. Nun aber laufen sie schon seit Tagen durch die Wüste. Geduldig wiegen sich die Kamele mit ihrer schweren Last durch den Sand. Nimmt denn diese Ödnis nie ein Ende? Und überall können Räuber lauern. Sie überwältigen die Händler und verschwinden mit den Kamelen und ihrem Diebesgut hinter den Dünen. Da sieht Rajiv* in der Ferne Mauern: eine Karawanserei*. Hier werden sie endlich einmal wieder in Frieden übernachten können.

(Wörteranzahl: 119) *darf buchstabiert werden

Raupenfaden

Tante Karin berichtet Maja begeistert von ihrer Reise durch das riesige China. Sie hat ihrer Nichte auch etwas mitgebracht: Ein weißliches, eiförmiges, sehr leichtes Ding, das so groß ist wie Majas Daumen. „Das ist der Kokon* einer Seidenraupe“, erklärt Tante Karin mit fröhlicher Miene. „Das kleine Tier hat sich darin eingesponnen. Wenn du das Ende des Fadens findest und ihn vorsichtig ziehst, kann er 900 Meter lang werden. Daraus wird Seide gemacht.“ Maja findet das ziemlich unglaublich. Wie soll man denn diesen dünnen Faden spinnen und verweben? In China geschieht dies seit über 5000 Jahren. Zehn Tage nachdem der Kokon fertig gesponnen ist, gießt man kochendes Wasser darüber. Dann löst sich der Faden und kann verarbeitet werden.

(Wörteranzahl: 118) *darf buchstabiert werden

Gesunde Gewürze

Wer schon einmal Lebkuchen gebacken hat, weiß, dass der Teig neun verschiedene Gewürze enthalten muss, die überwiegend aus dem Orient kommen. Sie dienen nicht nur dazu, den typischen Geschmack zu erzeugen, sondern haben eine heilende Wirkung. Dass Gewürze der Gesundheit dienlich sein können, wussten bereits die alten Römer. Auf der Seidenstraße reisten sie bis nach Indien, um zum Beispiel Ingwer oder Pfeffer zu erwerben. Beliebt war Pfeffer, weil er die Verdauung unterstützte. Aus anderen Gewürzen stellte man Medizin her. Wegen der langen, gefährlichen Reise waren Gewürze natürlich ziemlich teuer. Deswegen konnten nur wenige ihre Wirkung genießen. Dass Gewürze ein Gebäck auch konservieren* können, kannst du am Lebkuchen erkennen. Seine Zutaten machen ihn nicht nur gesund, sondern auch haltbar.

(Wörteranzahl: 120) *darf buchstabiert werden

Am Ziel

Welch riesige Stadt! Endlich ist Rajiv* mit den Händlern in Samarkand* angekommen. Hier wollen sie ihre Waren anbieten. Rajiv* glaubt, dass er noch nie so viele Menschen in einer einzigen Straße gesehen hat. Er bleibt dicht bei den Kamelen, damit die vorbeiströmenden Menschenmassen ihn nicht mitziehen. Und der Lärm! Aus ihren Geschäften schreien die Händler, von der Moschee* ruft der Muezzin*, Kühe muhen und Schweine quieken. Rajiv* ist überwältigt, aber eigentlich auch ziemlich neugierig. Gern wäre er jetzt allein durch die engen Gassen spaziert, durch die Torbögen mit ihren bunten Fliesen, durch diese erstaunliche Welt. Aber was würde passieren, wenn er nicht zurückfinden und die Händler verlieren würde? Niemals käme er ohne sie wieder nach Hause.

(Wörteranzahl: 118) *darf buchstabiert werden

- In den meisten Fällen schreibt man Wörter mit langem *i* mit *ie*. Beispiele: Ziel, gießen.
- Das lange *i* wird nur in den Pronomen *ihm, ihn, ihr, ihrem, ihres* mit *ih* geschrieben.

Helden aus

Kleines Mädchen – langer Name
Pippilotta Viktualia Rollgardina Pfefferminz Efraimstochter. Natürlich weißt du, wer sich hinter diesen Vornamen verbirgt: Pippi Langstrumpf. Dass es sie gibt, verdanken wir Astrid Lindgrens Tochter. Als diese krank und gelangweilt im Bett lag, erfand ihre Mutter Pippis Abenteuer, um sie aufzuheitern.

Wusstest du schon, ...?

... dass Astrid Lindgren erst niemanden fand, der Pippi Langstrumpfs Abenteuer drucken wollte? Vielen Leuten war Pippi einfach zu schlecht erzogen.

... dass bei der Verfilmung von „Der kleine Vampir" die Kinderdarsteller nicht in die Schule zu gehen brauchten und von einer extra eingestellten Lehrerin unterrichtet wurden?

... dass Harry Potter und seine Erfinderin Joanne K. Rowling beide am gleichen Tag Geburtstag haben, nämlich am 31. Juli?

Note Sechs für den Troll
Auch Harry Potter braucht in Hogwarts gute Noten. Allerdings heißen sie anders als bei dir. Die drei guten Noten lauten „Ohnegleichen", „Erwartungen übertroffen" und „Annehmbar". Die schlechten Noten sind da schon deutlicher: „Mies" ist die Note Vier, „Schrecklich" eine Fünf, und wer eine Sechs geschrieben hat, muss sich als „Troll" bezeichnen lassen.

Kleiner Vampir – großer Erfolg
Vampirgeschichten können ziemlich gruselig sein. Aber Rüdiger von Schlotterstein, der Held der Buchreihe „Der kleine Vampir", hat den Lesern nicht wirklich das Fürchten gelehrt. Denn sonst wären seine Abenteuer kaum in 30 Sprachen übersetzt und seit 1979 millionenfach verkauft worden.

Alps no Shōjo Heidi
Diese Überschrift klingt chinesisch? Beinahe richtig! Es ist der Titel einer japanischen Zeichentrickfilm-Serie, die 1974 in Japan ausgestrahlt wurde. Sie basiert auf den Büchern von Johanna Spyri und handelt von Heidi, die bei ihrem Großvater auf der Alm lebt. Kurze Zeit später waren die 52 Folgen auch in Deutschland zu sehen.

den Kinderbüchern

Ein freies Mädchen

Teresa* ist sauer. Zuerst schimpfte heute ihre Lehrerin mit ihr. Dann hat sie scheußliche Mathe-Hausaufgaben aufbekommen. Und jetzt noch der Ärger wegen des unaufgeräumten Kinderzimmers. Ihr ist zum Heulen zumute. Warum kann sie nicht so sein wie Pippi Langstrumpf? Die ist klug, obwohl sie nicht in die Schule geht. Sie ist so stark, dass sie ihr Pferd tragen kann, und Angst hat sie auch keine. Räuber setzt sie einfach in die Bäume. Nichts ist Pippi zu teuer, und aufräumen muss sie auch niemals. Teresa* seufzt und träumt von einem Leben ohne Schule und mit einem oder zwei von Pippis Goldstücken. Eines würde Teresa* ihrer Mutter geben.
Die wäre so erfreut, dass sie das Aufräumen vergessen würde.

(Wörteranzahl: 119) * darf buchstabiert werden

Geheim TIPP

Mach dir eine Liste mit Wörtern, die mit *eu* geschrieben werden. Dann kannst du sie dir leichter merken.

Das berühmte Zauberkind

Mögen die Stiefeltern Harry Potter* nicht, weil er ein Träumer ist? Oder haben sie Angst vor ihm, weil er zaubern kann? Denn immer, wenn er in den Ferien aus dem Internat* zurückkommt, geschehen haarsträubende Dinge. Oft schäumen die Stiefeltern vor Wut. Kein Wunder, dass sich Harry* in dem alten Gemäuer des Internats* so wohl fühlt. Auch seine Freunde Ron* und Hermine* spielen dabei eine große Rolle. Die drei lernen viele hilfreiche Zaubersprüche und erleben unzählige Abenteuer. Weil sie treu zusammenhalten, können sie dunkle und böse Mächte bekämpfen. Aber Harry* bleibt immer bedroht, denn Voldemort* will ihn töten. Erst wer den letzten Band liest, weiß, ob er seinen ungeheuer mächtigen Gegner besiegen kann.

(Wörteranzahl: 115) * darf buchstabiert werden

Ein Leben auf der Alm

Wie kann das sein? Eine Geschichte, die wahrscheinlich schon deine Urgroßmutter gelesen hat, wird immer wieder neu gedruckt und verfilmt. Das liegt wohl an der Hauptperson. Heidi lebt bei ihrem menschenscheuen Großvater auf der Alm. Sie freut sich an den Bergen, den Ziegen und über ihr Bett im Heu. Durch sie wird auch ihr Großvater ein freundlicherer Mensch. Enttäuscht bleibt er zurück, als Heidi in eine große Stadt ziehen muss. Hier hilft sie der gelähmten Klara, wieder Freude am Leben zu finden. Aber sie vermisst das bäuerliche Leben in den Bergen schrecklich. Äußerlich lässt sie sich wenig anmerken. Erst als sie krank wird, darf sie zurück zum Großvater. Ob Klara ihre treue Freundin jemals wiedersieht?

(Wörteranzahl: 120)

Liebenswerte Blutsauger

Als Vampir hat man es nicht leicht! Das Tageslicht muss man scheuen. Man lebt in dunklen, feuchten Räumen. Und selbst wenn man mit Knoblauch nur äußerlich in Berührung kommt, wirkt er wie eine Seuche. Rüdigers Leben wird erst etwas besser, als er sich mit Anton anfreundet. Dessen Eltern sind froh, dass ihr scheuer Sohn einen Freund gefunden hat. Natürlich muss Anton sie täuschen, denn sie dürfen nichts über Rüdigers Herkunft erfahren. Dabei gibt es in dessen Familie auch sehr viele nette Vampire, die es nicht auf Menschenblut abgesehen haben. Rüdigers mutige Schwester Anna zum Beispiel, die sich in Anton verliebt. Ob das alles gut ausgeht? Wer das Buch liest, wird es nicht bereuen.

(Wörteranzahl: 115)

- Die Laute *äu* und *eu* klingen völlig gleich. Aber die Worte mit *äu* lassen sich meistens von einem Wort mit *au* ableiten. Beispiele: verträumt – Traum, äußerlich – außen.

- Wenn das nicht geht, schreibst du das Wort meistens mit *eu*. Beispiel: treu, neulich, scheu.

Wusstest du schon, ...?

... dass du im Internet die Namensliste der ersten Mayflower-Passagiere sehen kannst?

... dass am Freitag nach „Thanksgiving" in amerikanischen Geschäfte die Preise gesenkt werden? Denn dann beginnt das Weihnachtsgeschäft.

Von Herzen danken

Wichtiger als Weihnachten ist für Amerikaner das Fest „Thanksgiving". Am vierten Donnerstag im November kommen alle Familienmitglieder zu dieser amerikanischen Form des Erntedankfestes zusammen. Um an den Beginn der amerikanischen Nation zu erinnern, feiert man „Thanksgiving" mit den gleichen Speisen, die die ersten Siedler zur Verfügung hatten.

Keine Feinde

Nach der Entdeckung Amerikas durch Christoph Kolumbus lockte der riesige Kontinent viele europäische Siedler an. Die Urbevölkerung Amerikas, die Indianer, standen den Neuankömmlingen zunächst freundlich gegenüber und halfen ihnen sogar beim Überleben. Das Indianermädchen Pocahontas wurde berühmt, weil sie zum friedlichen Zusammenleben beitrug.

Die Entdeckung

Aufbruch in eine neue Heimat
Wer anders ist, macht sich oft unbeliebt. Das erlebten die Puritaner, die in England eine besonders strenge Form des christlichen Glaubens lebten. Deswegen wanderten viele von ihnen nach Amerika aus. Das Schiff „Mayflower“ brachte im Dezember 1620 die erste Gruppe an ihr Ziel. Heute sind viele Amerikaner stolz, wenn sie von diesen ersten Passagieren abstammen.

Tödliche Krankheiten
Seit Jahrtausenden hatte die Urbevölkerung Amerikas schon den Kontinent besiedelt, als sie von den Einwanderern aus Europa mit deren besseren Waffen überwältigt wurde. Aber schlimmer waren die von ihnen eingeschleppten Krankheiten. Gegen Masern, Pocken und Cholera hatten die Indianer keine Abwehrkräfte. Millionen von ihnen starben daran.

Amerikas

Frieden stiftendes Mädchen

Der Häuptling liebte seine Tochter sehr: Pocahontas* war ein aufgewecktes, flinkes Mädchen und eine schlanke, dunkle Schönheit. Zumindest besagt das die Legende über das Indianermädchen, das mit zwölf Jahren zum ersten Mal einen Weißen sah. Es war John Smith*, der von den Indianern gefangen genommen war. Diese Begegnung blieb nicht ohne Folgen. Es gelang Pocahontas* nicht nur, ihn vor dem Tod zu retten, sondern sie sorgte auch für eine gute Beziehung zwischen den Siedlern und den Indianern. Dann aber brachen Feindseligkeiten aus. Mit einer Entführung von Pocahontas* erzwangen die Siedler die Befreiung von englischen Gefangenen. Pocahontas* aber blieb freiwillig in der Siedlung und heiratete einen Engländer. In seinem Heimatland wurde Pocahontas* aber bald krank und starb.

(Wörteranzahl: 119)

* darf buchstabiert werden

Auf dem Pilgerschiff

Wie das Schiff schwankt! In dem engen Schiffsbauch haben sich über hundert Menschen zusammengedrängt. Die kleine Maria hält sich in einer Ecke an einem Holzpfosten fest. Durch den Sturm draußen dringt immer wieder Wasser durch die Luken. Wer nicht aufpasst, ist sofort durchtränkt. Kein Wunder, dass die meisten Passagiere krank werden. Marias Bruder Peter hat auch eine Erkältung bekommen. Aber er ist schon wieder auf dem Weg der Genesung. Viel größere Angst hat Maria aber um ihre Mutter. Obwohl sie schwanger ist, hat Vater beschlossen, die Überfahrt nach Amerika zu wagen. Aber nun sind sie schon fünf Wochen lang unterwegs. Von Tag zu Tag sinkt Marias Hoffnung: Ob sie jemals sicher landen werden?

(Wörteranzahl: 116)

Endlich in Sicherheit?

Trotz aller Stürme ist das Boot nicht untergegangen. Im Dezember haben die Siedler endlich Amerika erreicht. Nach der Landung glauben sie anfangs, am richtigen Ort für ihr neues Leben zu sein. Aber der Boden ist zu sandig, sie müssen weiter suchen. Da stoßen sie auf eine verlassene Siedlung der Indianer. Die Hütten bieten jedoch kaum Schutz im bitterkalten Winter. Viele Siedler werden krank und sterben. Im Frühling fassen die Überlebenden neuen Mut, gehen an die Arbeit, roden und säen. Aber immer wieder müssen sie feindliche Überfälle abwehren. Dennoch können sie nach dem Sommer eine reiche Ernte einbringen. Maria ist glücklich: Das kühne Vorhaben ist nicht misslungen. Aus Dankbarkeit feiern sie im Herbst ein großes Erntedankfest.

(Wörteranzahl: 118)

Ein Dankesfest

Über der Siedlung hängen die verlockendsten Düfte. Aus den Hütten dringen Gelächter und Gesang. Auch Maria ist mit der Vorbereitung des Festes beschäftigt. Die Siedler wollen für die gute Ernte danken und ein Festmahl teilen. Ein riesiger Truthahn wird aufgetragen. Dazu gibt es Süßkartoffeln, Mais und Beerensaft. Als Nachspeise wird ein Kürbiskuchen gereicht.
Bis heute feiert man Thanksgiving* in jeder amerikanischen Familie mit diesen Speisen und Getränken. Und noch ein alter Brauch von damals überdauerte die vergangenen Jahrhunderte. Zwei Kinder ziehen in entgegengesetzten Richtungen an einem dünnen, gegabelten Knochen und denken sich dabei einen Wunsch aus. Wenn der Knochen zerspringt, hat das Kind mit dem längeren Teil in den Händen Glück. Sein Wunsch wird erfüllt.

(Wörteranzahl: 118)

* darf buchstabiert werden

- Die Laute *ng* und *nk* klingen vor allem bei Verb-Endungen sehr ähnlich. Beispiele: er singt, er sinkt.
- Verlängere die Wörter oder suche die Grundform. Dann hörst du, ob du *g* oder *k* schreiben musst.
  Beispiele: er singt – singen, er sinkt – sinken.

Modewelt

Wusstest du schon, ...?

... dass in Horb am Necker jährlich ein Mini-Rock-Festival durchgeführt wird, das überwiegend von Jugendlichen organisiert wird? Es geht dabei aber mehr um Musik als um Röcke.

... dass Tavi Gevinsons Online-Mode-Magazin schon nach wenigen Tagen mehr als 1 Million Besucher hatte?

Abgespeckt

Die meisten Models sind groß und schlank. So kommen die Entwürfe der Modeschöpter am besten zur Geltung. Heidi Klum hat vier Kinder und gab trotzdem ihren Beruf als Model nicht auf. Dafür musste sie nach den Geburten aber auch wochenlang jeden Tag mehrere Stunden Sport machen und auf so leckere Sachen wie Burger verzichten.

Ausgezeichnet
1962 führte die Modeschöpferin Mary Quant den ersten Minirock vor. Das verursachte große Aufregung. Aber bald setzte sich die kurze Mode durch, und sogar bei weiblichen Mitgliedern des englischen Königshauses durften Röcke sieben Zentimeter über dem Knie enden. Für ihren kreativen Mut erhielt Mary Quandt von der Queen sogar einen Orden.

Abgeguckt
Vivienne Westwood ist eine der bekanntesten Modemacherinnen der Welt. Schon während ihrer Schulzeit entdeckte die Engländerin ihr Interesse für Mode. Kleidung, die ihr gefiel, zerschnitt sie sorgfältig an den Nähten, um herauszufinden, wie sie hergestellt war. Dann nähte sie alles wieder zusammen. So kam sie auf Ideen für ihre eigenen Entwürfe.

Abgefahren
50 000 Besucher täglich interessierten sich für Tavi Gevinsons Modebeiträge auf ihrem Internet-Blog „The Style Rookie“, was so viel heißt wie „Der Stil-Frischling“. Und das nur kurze Zeit, nachdem das Internet-Tagebuch 2008 online gegangen war. 2011 wurde Tavi mit nur 15 Jahren Chefredakteurin eines Online-Mode-Magazins.

Kurze Mode

Während ihrer Ausbildung zur Kunstlehrerin lernte Mary* Quandt*, Schnittmuster zu entwerfen. Das sind die Vorlagen, nach denen Kleidungsstücke genäht werden. Bald eröffnete sie ein eigenes Geschäft, in dem sie ihre Entwürfe verkaufte. Der von ihr entworfene kurze Rock, der die Schenkel nur knapp bedeckte, war sehr schnell ein Renner. Weil es bereits Strumpfhosen gab, konnte man auch den kürzesten Minirock leicht tragen. Dazu passten Marys* flache Stiefel aus buntem Plastik und ihre knappen, durchsichtigen Mäntel. Nicht nur selbstbewusste junge Frauen waren von der pfiffigen Mode begeistert. Bald trugen auch ältere Frauen mit einer hübschen Figur Kleidung, bei der die Rocklänge weit über das Knie gerutscht war. Ohne Mary* Quandt* würde der Modewelt heute etwas fehlen.

(Wörteranzahl: 117) *darf buchstabiert werden

Geheim TIPP

Sprich Wörter mit Konsonantenhäufung ganz langsam und genau aus, dann hörst du jeden Konsonanten, den du schreiben musst.

Das geheimnisvolle Kleid

Lange war es ein Geheimnis, wer das Hochzeitskleid für Kate* entwerfen sollte. Es wurden viele Namen gemunkelt, auch der von Vivienne* Westwood*. Erst bei der Vermählung von Kate* und William* wurde das Geheimnis gelüftet. Die englische Modeschöpferin Sarah* Burton* hatte diesen wichtigen Auftrag erhalten. Sie arbeitete jahrelang für einen berühmten Modeschöpfer, bis sie selbst Chefin wurde. Alle Arbeitsgänge für ein Modell hat sie hier gelernt: Ideen entwickeln, Schnittmuster entwerfen, Stoffbahnen zusammennähen. Der Auftrag aus dem Königshaus und der Erfolg ihres Entwurfs ermöglichten ihr den Durchbruch. Ob sie es sich auch wünscht, von der Queen* ausgezeichnet zu werden, ist nicht bekannt. Das hat Vivienne* Westwood* schon geschafft, obwohl deren schräge Mode bestimmt nicht die Lieblingskleider der Königin sind.

(Wörteranzahl: 120) *darf buchstabiert werden

Nichts für Mauerblümchen

1992 wurde Heidi Klum* gefragt, ob sie an einem Wettbewerb für Models* teilnehmen wolle. Gegen 25 000 Mitstreiterinnen musste sie antreten. „Da darfst du nicht schüchtern sein", sagte sich Heidi. Sie konnte sich durchsetzen und gewann einen Vertrag als Fotomodel. Seitdem hat sie für viele Firmen gearbeitet und es gibt zahlreiche Fotos von ihr. Aber da endet ihre Karriere* nicht. Sie hatte auch kleine Rollen in verschiedenen Filmen und auch eigene Fernsehsendungen. Für einige dieser Sendungen musste sie auch Kritik einstecken. Denn sie beurteilt das Können junger Mädchen, die auch auf den Laufsteg wollen. Dieses Programm wird nicht von jedem geschätzt, weil nicht alle Mädchen Ablehnung und Enttäuschung so leicht verkraften.

(Wörteranzahl: 114) *darf buchstabiert werden

Ideenreich im Internet

Sicherlich legst du auch Wert auf hübsche Kleidung. Und vielleicht interessierst du dich auch für Mode. Möglicherweise schneidest du auch Bilder von schicken Klamotten aus Zeitschriften aus. Dann unterscheidet dich eigentlich wenig von Tavi* Gevinson*, als sie elf Jahre alt war. Allerdings hatte sie die Idee, ihr Hobby in einem Blog* zu veröffentlichen. Das ist ein Tagebuch, das im Internet von allen Interessierten gelesen werden kann. In ihren Einträgen erfährt man seit 2008 ihre Ansichten über Filme, Musik und vor allem Mode. Man sieht Bilder von schönen Sachen, die sie sich zusammengesucht hat und die sie selbst trägt. Sie regt nicht nur Jugendliche zu einem eigenen Stil an, sondern verblüfft die Modewelt immer wieder mit ihrem Ideenreichtum.

(Wörteranzahl: 120) *darf buchstabiert werden

- Manche Wörter enthalten nach einem kurzen Vokal mehr als zwei Konsonanten nacheinander. Beispiele: eigentlich, allerdings.
- Auch bei manchen Verbformen können Konsonantenhäufungen vorkommen. Beispiele: wünschen – du wünschst, schätzen – geschätzt.

Rock auch für Männer
Bei unseren germanischen Vorfahren trugen Männer und Frauen ein Obergewand, das man „Rock“ nannte. Bei den Frauen reichte es bis zu den Knöcheln, bei den Männern bis zum Knie. Im Mittelalter setzten sich die Beinkleider, also die Hosen, für die Männer durch.

Tabu für Frauen
Gelegentlich taucht sie auch in den Berichten der Römer auf: die Frau, die Hosen trägt. Aber in den späteren Jahrhunderten war dieses Kleidungsstück für Frauen in Europa und Amerika tabu. Hosen wurden lediglich bei Theaterschauspielerinnen geduldet. Aber nur, wenn die eine „Hosenrolle“ übernahmen und in dieser Verkleidung einen Mann spielten.

Die ersten Unterhosen
Die ersten Hosen für Frauen wurden unter einem Rock getragen. Es waren wadenlange Unterhosen mit weiten Beinen und Spitzenbesatz. Sie heißen „Bloomers“ und wurden nach ihrer Erfinderin Amelia Bloomer benannt. Das war vor etwa 160 Jahren.

Vom Rock zur Hose

Die ersten Röhrenhosen
Damit die Männer im Winter nicht an den Beinen froren, wurden schon vor vielen Tausend Jahren Röhren aus Fell für sie genäht. Mit Bändern wurden sie jeweils an einem Hüftgürtel befestigt. Darüber trug „Mann“ einen Lendenschurz und ein längeres Obergewand.

Wusstest du schon, ... ?

... dass es einmal einen Humpelrock gab? Er reichte bis zum Knöchel und war am Saum so eng zusammengefasst, dass man nur winzige Schritte darin machen konnte.
... dass die Schottenröcke „Kilts“ genannt werden? An dem karierten Stoff kann man erkennen, zu welcher Familie der Träger gehört. Denn jede Familie hat ein eigenes Muster und eigene Farben.

Hinweis:

Bei den folgenden Diktaten sollen die farbig markierten Wörter selbstständig getrennt und aufgeschrieben werden.

Mit halber Hose

Vor der Höh-le war-ten die Stein-zeit-män-ner schon auf Her-bert. In der Fer-ne sehen sie eine Mam-mut-her-de durch den Schnee ziehen. Es wird Zeit, dass es wieder Fleisch für die Sip-pe gibt. Also, auf zur Jagd! Aber Herbert hat ein Problem. Seinen Len-den-schurz hat er zwar schon um-ge-bun-den, und an einem Bein trägt er auch die Fell-röh-re. Aber wo ist das an-de-re Hosenteil? Ver-zwei-felt sucht er in den dunk-len Gän-gen. Er will doch schließlich auch seine Jagdkunst beweisen! Aber wer sitzt denn da in einer Nische? Die kleine Hel-la strahlt ihn fröh-lich aus der gesuchten Ho-sen-hälf-te an. Bis zum Hals steckt sie im Fellschlauch und muss gar nicht mehr frieren. Zum Schimp-fen hat Herbert jetzt keine Zeit.

(Wörteranzahl: 119)

Umgedrehte Teetassen

Früher gab es nur lan-ge und weite Röcke für Frauen, und zeitweise muss-ten sie bis zum Boden reichen. Es galt als ungehörig, wenn man den Fuß oder gar den Knö-chel sehen konn-te. Dafür hat man vor einigen Jahr-hun-der-ten sehr viel Stoff verbraucht. Damit die Röcke mög-lichst weit abstanden, trug man darunter einen Reifrock. Er war aus Rin-gen an-ge-fer-tigt, die nach un-ten immer weiter wurden. Ein Durch-mes-ser von zwei Metern war nicht sel-ten. Die Frauenröcke sahen also aus wie um-ge-dreh-te Teetassen. Auch vor sechzig Jahren war es eine Weile modisch, sich mit auf-ge-bausch-ten Rö-cken zu kleiden, die gerade das Knie be-deck-ten. Dazu brauch-te man einen Unterrock aus vielen Stofflagen aus steifer Spit-ze.

(Wörteranzahl: 113)

Keine Hose ohne Fahrrad

Große Aufregung! Da wollte eine Frau, die eine Hose trug, eine öffentliche Gaststätte betreten. Und sie hat-te kein Fahrrad dabei! Es ist nur hun-dert Jahre her, dass so etwas die Ge-sell-schaft er-schüt-ter-te. Damals war das Rad-fah-ren auch bei Frauen in Mode ge-kom-men und Rö-cke waren bei diesem Sport sehr un-prak-tisch. Also trugen sie Hosenröcke, aber im-mer mehr Frauen fan-den, dass Hosen recht bequem waren. Den-noch wurden sogar einige bestraft, weil sie sich so un-pas-send in Hosen in der Öf-fent-lich-keit zeig-ten. Als dann vor der Zweite* Weltkrieg ausbrach und die Frauen als Ar-bei-terin-nen wie Män-ner ar-bei-ten muss-ten, wurden sie in Hosen ge-dul-det. Man hoff-te allerdings, dass sich diese un-sin-ni-ge Ge-wohn-heit nach dem Krieg wieder legen würde.

(Wörteranzahl: 118) *Hinweis auf Großschreibung darf gegeben werden

Gleiche Rechte für alle

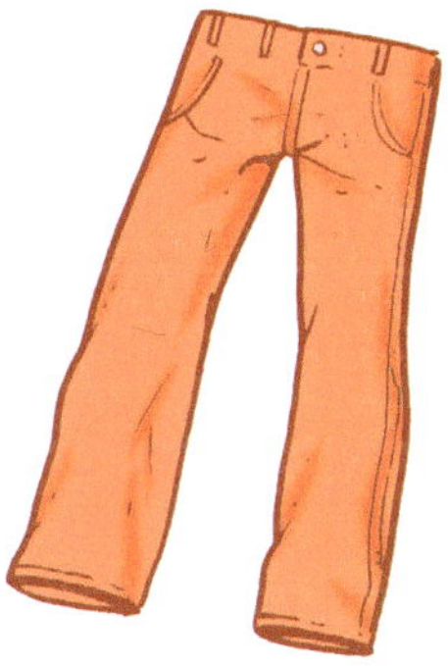

Heute kön-nen die meis-ten Menschen nicht verstehen, was man an Hosen für Frauen so empörend fand. Es gab Verkehrsstaus, als 1911 Frauen in eleganten Hosenkleidern ein Pfer-de-ren-nen be-such-ten. Und noch vor 50 Jahren hat-ten sogar die bes-ten Schau-spie-le-rin-nen Pro-bleme*, wenn sie in einem Ho-sen-an-zug Hotelbars oder Fes-te besuchen wollten. Als zum ers-ten Mal eine Politikerin** ihre Rede in einem Hosenanzug hielt, haben viele Zei-tun-gen ge-läs-tert. Das ist erst vierzig Jahre her. Aber hast du nicht neulich auch verwundert einen Jungen in einem lan-gen schwar-zen Rock angestarrt? Und musst du nicht auch lachen, wenn du Männer in kurzen, karierten Schottenröcken siehst? Hof-fent-lich vergehen nicht weitere hundert Jahre, bis wir auch Männer in Röcken als nor-mal ansehen.

(Wörteranzahl: 119) **Prob-leme* ist auch richtig
**darf buchstabiert werden

- Bei Wörtern mit zwei oder mehr Konsonanten wird immer der letzte Konsonant abgetrennt. Beispiel: Rin-ge, deck-ten, sel-ten.
- Das gilt auch für Wörter mit *st*. Beispiele: bes-ten, Fes-te, meis-tens.
- Doppelkonsonanten trennt man immer zwischen den beiden Konsonanten. Beispiele: unpas-send, unsin-nig.
- Die Lautverbindungen *ck, ch* und *sch* bleiben ungetrennt. Beispiele: Rö-cke, besuch-ten, Ta-sche.

FOX
TEEN
CHOICE
2012
1·DAY
FOX
ACUVUE
MOIST

Popstars

Der Rekordhalter
Michael Jackson ist nicht nur für seine unzähligen erfolgreichen Lieder und seinen Tanzstil bekannt. Er hat sich auch öffentlich für eine bessere Welt eingesetzt. Dafür hat er sehr viel Geld gespendet. Im Jahr 2006 schaffte er sogar einen Eintrag ins Guinness-Buch der Rekorde als der Popstar, der am meisten für Wohltätigkeitsorganisationen getan hat.

Insel zum Entspannen
Einsame Inseln kennt Johnny Depp nicht nur aus seinem Film „Der Fluch der Karibik". Darin spielt er einen Piraten, der auf einer einsamen Insel ausgesetzt wird. Seit dem Dreh zu diesem Film besitzt er auch eine eigene, unbewohnte Insel in der Karibik. Dort entspannt er von anstrengenden Filmdrehs.

Für den Tierschutz
Jedes Tier sollte ein Zuhause haben. Das findet auch Justin Bieber. Deshalb unterstützt er die Organisation PETA, die sich für die Rechte von Tieren einsetzt. Justin Bieber war auf einem Plakat zu sehen, das den Betrachter auffordert, heimatlose Tiere aus Tierheimen zu adoptieren.

Nicht mehr barfuß
2 Millionen Kinder gehen in Kolumbien nicht zur Schule, weil sie zu arm sind. Viele sind sogar so arm, dass sie kein Zuhause haben. Die Sängerin Shakira, die aus diesem Land stammt, gründete 1997 die „Stitfung Barfuß". Diese Organisation sorgt dafür, dass hilfsbedürftige Kinder Unterkunft und Nahrung bekommen und dass sie eine Schule besuchen können.

Wusstest du schon, ...?

... dass Michael Jackson insgesamt acht Einträge im Guinness-Buch der Rekorde hat?
... dass du Justin Bieber auch als Wachsfigur in „Madame Tussauds" Wachsfigurenkabinett in London antreffen kannst?
... dass Johnny Depp zu Anfang seiner Karriere oft das Opfer in Horrorfilmen spielen musste?

Hinweis:

Bei den folgenden Diktaten sollen die farbig markierten Kommas selbstständig gesetzt werden.

Ruhm ist nicht alles!

Mit sieben Jahren stand Michael Jackson zum ersten Mal auf der Bühne. Aber er war nicht allein, sondern der jüngste Sänger in einer großen, erfolgreichen Musikerfamilie. Alle Familienmitglieder waren begabt, aber das Publikum liebte den kleinen Michael am meisten. Der Ruhm zerstörte jedoch seine Kindheit. Sein Vater war sehr streng, ungeduldig und gewalttätig. Mit dreizehn Jahren ging Michael seinen eigenen Weg. Er schrieb Lieder, sang, tanzte und wurde ein Weltstar. Aber er hatte schreckliche Angst vor Krankheiten und vor dem Älterwerden. Auch sein Ruhm konnte ihn nicht vor Einsamkeit bewahren. Diese Angst vor dem Misserfolg machte ihn unruhig, schlaflos und abhängig von Tabletten. Daran ist er zu jung gestorben.

(Wörteranzahl: 113) * darf buchstabiert werden

Geheim TIPP

Wenn du bei mehreren aufeinanderfolgenden Wörtern einer Wortart ein *und* dazwischen setzen könntest, handelt es sich um eine Aufzählung. Trenne die Wörter mit einem Komma.

Von Mädchen umschwärmt

Spielst du auch ein Musikinstrument, oder kannst du singen? Möchtest du einmal vor Publikum, auf einer Bühne oder im Internet auftreten? Vielleicht wirst du so bekannt oder berühmt wie Justin Bieber*. Mit vier Jahren lernte er Schlagzeug spielen. Später brachte er sich selbst Gitarre, Trompete und Klavier bei. Als er mit zwölf Jahren bei einem Wettbewerb teilnahm, filmte seine Mutter seinen Auftritt und stellte das Video ins Internet. Dadurch wurde er entdeckt, und bald arbeitete er mit berühmten Künstlern zusammen. Seine Alben werden inzwischen von Millionen Menschen gekauft, gehört und geliebt. Ob es sein Talent, seine Ausstrahlung oder sein gutes Aussehen ist: Er kann sich vor den weiblichen Fans kaum retten.

(Wörteranzahl: 114) *darf buchstabiert werden

Namen können täuschen

In Deutschland hätte man Johnny Depp* wegen seines Nachnamens vermutlich nicht ernst genommen. Und vielleicht hat man ihn auch in Amerika für einen faulen, törichten und leichtfertigen Jungen gehalten, als er mit fünfzehn Jahren die Schule verließ. Aber er wollte unbedingt Musiker werden. Dabei kam er zum Film und erhielt erst kleine, unbedeutende Rollen. Später besuchte er doch wieder eine Schule. Er ließ sich zu einem vielseitigen und guten Schauspieler ausbilden. Bald darauf wurde er ein Teenie-Idol*. Aber er wollte nicht immer einen hübschen, oberflächlichen jungen Mann spielen. So konnte man ihn in ernsten, traurigen und auch verrückten Filmen sehen. „Der Fluch der Karibik" machte ihn reich und weltbekannt. Ein Depp ist Johnny wohl nicht.

(Wörteranzahl: 118) * darf buchstabiert werden

Niemals aufgeben

Weniger als 1000 verkaufte Alben! Die dreizehnjährige Shakira* hätte nach diesem musikalischen Misserfolg auch aufgeben können. Als ihr nächstes Album ebenfalls ein Flop* wurde, machte sie erst einmal ihren Schulabschluss. Aber die hübsche, begabte Musikerin konnte es doch nicht lassen. Sie dichtete, komponierte und sang weiter. Auch als Noten und Texte für ein weiteres Album auf dem Weg ins Studio gestohlen wurden, ließ sie sich nicht entmutigen. Im Gegenteil: Sie machte aus dieser Erfahrung den erfolgreichen Song: „Wo sind die Diebe?" Danach wurde sie mit vielen Liedern, Auftritten und Tourneen* weltberühmt. Shakira* ist aber nicht nur wegen ihrer Musik bekannt. Einen Teil ihrer Einnahmen verwendet sie, um weltweit den Opfern von Erdebeben, Flutkatastrophen* und Stürmen zu helfen.

(Wörteranzahl: 119) *darf buchstabiert werden

- Aufzählungen werden durch Kommas getrennt, wenn sie nicht durch *und* oder *oder* verbunden sind. Beispiele: sie dichtete, komponierte und sang.

Wusstest du schon, ...?

... dass zu den ersten Fernsehsendungen, die in Deutschland übertragen wurden, 1953 die Krönung Elisabeths II. von England und die Fußballweltmeisterschaft 1954 gehörten?

... dass ein großes Flugzeug, der Airbus „Flensburg", die Maus am Heck abgebildet hatte?

... dass manche Gartenbesitzer unbrauchbare CDs in ihre Obstbäume hängen? Die blinkenden Scheiben vertreiben die Vögel.

Gehen wir einen Film riechen?
Action passiert im Kino normalerweise nur auf der Leinwand. Es gibt aber auch Kinos, in denen die Sessel wackeln. Bei einem Film über eine Erdbebenkatastrophe wirst du also richtig durchgeschüttelt. Auch Gerüche können in den Kinosaal geblasen werden. Wenn im Film ein Vampir vor Knoblauch zurückschreckt, riechst du genau, warum.

Die Dauermaus
1971 ging die Sendung „Lach- und Sachgeschichten für Fernsehanfänger" auf Sendung. Das kommt dir irgendwie bekannt vor? Im darauffolgenden Jahr wurde die Sendung umbenannt in „Die Sendung mit der Maus". Genau, die Maus! Sie trat übrigens zum ersten Mal in der Lachgeschichte „Die Maus im Laden" auf und ist seitdem fast jeden Sonntag zu sehen.

Unterhaltung pur

Der Winzling mit den Stöpseln
2001 kam der erste iPod auf den Markt. Er hat eine Revolution beim Musikhören ausgelöst. Dank dieses Geräts kannst du Tausende Lieder überall dabei haben. Auch Bilder und Filme kannst du dir darauf ansehen.

Zahlen, die man hören kann
CDs gibt es erst seit Anfang der 1980er Jahre. Diese „Compact Discs", also übersetzt kompakte Scheiben, speichern Musik, Text und Daten. Auf ihnen wird der Ton digital, also in Form von Zahlen, gespeichert. Im CD-Player werden diese Zahlenfolgen dann wieder als Klang aufgelöst.

Hinweis:

Bei den folgenden Diktaten sollen die farbig markierten Satzzeichen bei der wörtlichen Rede selbstständig eingefügt werden.

Sonntagsgenüsse

Jedes Familienmitglied hat ein eigenes Sonntagsvergnügen. „Ausschlafen, am besten bis zum Mittagessen!“, sagt Max, der schon 18 Jahre alt ist. „Kommt gar nicht Frage“, protestiert seine Mutter. „Nicht am einzigen Tag, an dem alle gemeinsam frühstücken können.“ Anne weiß, dass sie ihr Lieblingsvergnügen mit ihrem Vater teilt. Nach dem Frühstück schaut sie ungeduldig auf die Uhr. „Gleich ist es so weit“, flüstert ihr Vater, „du kannst schon einmal den Fernseher anmachen.“ Und dann sitzen sie gemeinsam auf der Couch* und sehen „Die Sendung mit der Maus“. Max schüttelt den Kopf: „Wie kann man als Erwachsener bloß eine Kindersendung genießen?“ Vater lacht: „Ohne die Sachgeschichten hätte ich niemals gewusst, wie ich das festgetretene Kaugummi aus deinem Teppich bekomme.“

(Wörteranzahl: 118) *darf buchstabiert werden

Gemischtes Programm

„Hoffentlich bekommt Vati noch Karten!“, jammert Sina. „Die Schlange ist ja ewig lang!“ Zur Eröffnung des neuen Kinopalasts hat Großmutter die ganze Familie eingeladen. „Ich war wohl seit Urzeiten nicht mehr im Kino“, staunt sie, als sie manche Besucher mit riesigen Popcorn*-Eimern sieht. „Früher hat ein Päckchen Erdnüsse für den ganzen Film gereicht.“ Die Kinder lachen: „Aber früher konnte man auch nicht in acht Sälen lauter unterschiedliche Filme sehen.“ „Das ist auch gut so“, meint Vater, als er die Karten verteilt. „Einmal Action* für Tobi und mich, zweimal Ice Age* für die Mädchen, und die Karten für den Liebesfilm sind für euch zwei Damen.“ Großmutter flüstert ihrer Schwiegertochter zu: „Aber nicht ohne einen Eimer Popcorn!“

(Wörteranzahl: 117) *darf buchstabiert werden

Bügelhilfe

„Mutti, liest du mir vor dem Einschlafen noch etwas vor?“, bittet Nelli. Eigentlich kann sie schon längst lesen. Aber ihre Mutter sagt erfreut: „Heute war so ein langweiliger Tag, da können ein paar Seiten Harry* Potter* nicht schaden.“ Bald hört man aus dem Kinderzimmer, wie Harry* sich mit Ron streitet. „Das kannst du gut“, flüstert Nelli, „beinahe wie auf der CD.“ Und schon ist sie eingeschlafen. Das bringt ihre Mutter auf eine Idee. Als ihr Mann nach Hause kommt, hört er fremde Stimmen in der Küche. Irgendjemand ruft: „Stupor*“, und ein Mädchen antwortet: „Incendo*!“ Seine Frau steht am Bügelbrett und hört Nellis Harry*-Potter*-CD. Sie lacht: „Bügeln ist schrecklich langweilig, da brauche ich ein bisschen Zauberhilfe von Harry* Potter*!“

(Wörteranzahl: 119) *darf buchstabiert werden

Mozart im Ohr

„So, Opa, jetzt ist deine ganze Musiksammlung auf dem iPod*“, sagt Max. Herr Winter wundert sich: „Soll ich jetzt alle meine CDs verschenken?“ Nun, das wäre wohl doch etwas übertrieben. Denn der iPod* wurde erfunden, damit man seine Lieblingsmusik auch unterwegs hören kann. Herr Winter will es beim Joggen* ausprobieren. „Ich komme mir ja wie ein alter Knacker vor“, schmunzelt er, „als einziger Jogger* auf der Strecke ohne Stöpsel im Ohr.“ Aber das meint er nicht so ernst. Später kommt er begeistert zurück: „Normalerweise bin ich fix und fertig nach dem Lauf“, erzählt er. „Aber zusammen mit Mozart* bin ich glatt drei Kilometer mehr gelaufen und habe es gar nicht gemerkt.“

(Wörteranzahl: 115) *darf buchstabiert werden

- Die wörtliche Rede steht in Anführungszeichen. Beispiel: „Ich möchte ins Kino gehen.“
- Wenn der Begleitsatz vor der wörtlichen Rede steht, endet er mit einem Doppelpunkt. Beispiel: Er stöhnt: „Was sollen wir damit machen?“
- Wenn der Begleitsatz nachgestellt ist, folgt der wörtlichen Rede immer ein Komma. Beispiel: „Liest du mir noch eine Geschichte vor?“, bittet Nelli.
- Wenn der Begleitsatz zwischen zwei Teilen der wörtlichen Rede steht, wird er in Kommas eingeschlossen. Beispiel: „Ich komme mir ja wie ein alter Knacker vor“, schmunzelt Opa, „als einziger Jogger auf der Strecke.“
- Fragen und Ausrufe in der wörtlichen Rede enden vor dem Anführungszeichen mit einem Frage- oder Ausrufezeichen. „Achtung, der Film geht los!“

A

der Abend, am Abend, abends

alle, allen, alles

allein

alt, älter

andere, anderen, anderer, anderes

die Angst, ängstlich

die Antwort, antworten

der Ärger, ärgern

auf einmal

außen

außer, außerdem

B

beide

die beiden, diese beiden

das Beispiel

bekommen, du bekommst, er bekam

besser

bis

bisschen

bleiben, du bleibst, er blieb

bloß

böse

brauchen, du brauchst

D

dann

dass

denn

die

dies, diese, diesen, dieser, dieses

dir

draußen

dunkel

E

eben, ebenfalls, ebenso

eigentlich

ein, eine, einem, einen, einer, eines

einmal (aber: *ein Mal, wenn beide Wörter betont werden)*

das Ende, endlich

entgegen

erzählen, du erzählst

essen, du isst, sie isst, er aß, das Essen

etwas

F

fahren, du fährst, sie fährt

das Fahrrad, die Fahrräder

die Fahrt

fallen, du fällst, er fiel *(Er fiel zu Boden.* – aber: *Es fiel viel Regen.)*

fehlen, du fehlst

fernsehen, du siehst fern

der Fernseher, die Fernseher

fertig

sie fiel (Grundform: *fallen)*

fressen, du frisst

das Frühstück

G

ganz, ganze, ganzen

gar, gar kein, gar nicht

geben, du gibst, er gab

der Geburtstag, die Geburtstage

gehen, du gehst, er ging

geträumt (Grundform: *träumen)*

das Glück

groß, große, großer, großen, großes, größer, größte *(das größte Haus* – aber: *das Größte war ...)*

die Grüße

gut

H

haben, du hast, sie hat, er hatte, sie hatten

halten, du hältst, er hält

das Haus, die Häuser

her, herein

heute, heute Abend, heute Morgen

hier

hin, hinaus, hinein

hinterher

hoffentlich

der Hunger, hungrig

I

ich

die Idee, die Ideen

ihm, ihn, ihnen, ihr, ihre, ihren, ihres

im

immer

interessant

irgendein, irgendetwas, irgendjemand, irgendwann, irgendwer, irgendwie, irgendwo

sie ist *(Sie ist größer als er.)*

sie isst (Grundform: *essen – Sie isst gern Spaghetti.)*

J

jetzt

der Junge, die Jungen

K

sie kam, sie kamen (Grundform: *kommen)*

sie kann, du kannst (Grundform: *können)*

kaputt

kein, keine, keinen, keiner, keines

kennen, du kennst, sie kennt

klein, kleine, kleiner, kleinen, kleines

kommen, du kommst, sie kommt, er kam

können, du kannst, sie kann, er konnte

kriegen, du kriegst, sie kriegt

L

lachen, du lachst, sie lacht

lassen, du lässt, sie lässt, er ließ, sie ließen

leben, du lebst, sie lebt

das Leben

der Lehrer, die Lehrerin, die Lehrerinnen

lernen, du lernst, sie lernt

lesen, du liest, sie liest, er las

lieb, liebe, lieber, liebes, am liebsten

die Liebe

lieben, du liebst, er liebt

sie ließ (Grundform: *lassen)*

sie liest (Grundform: *lesen)*

los

loslassen

M

mal *(zwei mal acht)*

Mal *(das zweite Mal)*

man

der Mann, die Männer

mehr

mein, meine, meinen, meinem, meiner, meines

meistens

die Minute

mit

morgen *(Bis morgen!; morgen Abend),* morgens

der Morgen *(Guten Morgen!)*

müssen, du musst, sie muss, er musste

N

nachdem

der Nachmittag, nachmittags

nächste *(nächste Woche),* nächsten, nächster, nächstes (aber: *Der Nächste, bitte!)*

nämlich

nah, nahe

nehmen, du nimmst, sie nimmt, er nahm

nichts

P

passieren, etwas passiert

der Platz, die Plätze

plötzlich

R

rennen, du rennst, sie rennt, er rannte

rufen, du rufst, er rief

die Ruhe, ruhig

S

die Sache

sagen, du sagst, sie sagt, er sagte

sie sah (Grundform: sehen)

sie saß (Grundform: sitzen)

schlecht

schließlich

schlimm

das Schloss, die Schlösser

der Schluss

schön, schöne, schöner, schönes, am schönsten

schrecklich

schreien, du schreist, er schrie, sie schrien

schwarz

sehen, du siehst, sie sieht, sie sah

sehr

die Seite

selbstständig (auch: *selbständig)*

sie, Sie (Dort kommt sie. Aber: Bitte kommen Sie mit!)

sitzen, du sitzt, sie sitzt, sie saß, gesessen

sollen, du sollst, sie soll, ihr sollt, er sollte

der Spaß, die Späße

spazieren, du spazierst

das Spiel, die Spiele

spielen, du spielst, sie spielt, er spielte

stehen, du stehst, er stand

der Stein, die Steine

die Stelle, die Stellen

stellen, du stellst

das Stück, die Stücke

T

der Tag, die Tage

der Tod

tot

der Traum, die Träume

träumen, du träumst, geträumt

U

und

uns, unser, unsere, unseren, unserem

V

vergessen, du vergisst, sie vergisst, er vergaß

verlieren, du verlierst, sie verliert, verloren

verschieden, verschiedene, verschiedenen

viel, viele, vielen, vieles

vom, von

vor

vorbei

W

wahr

die Wahrheit

sie war, sie waren, du warst, ihr wart, sie wäre, sie wären

Weihnachten

weit, weiter, am weitesten

wie

wieder

wenn

werden, du wirst, sie wird

wir

wissen, du weißt, sie weiß, er wusste, gewusst

wollen, du willst, sie will, ihr wollt, er wollte

Z

die Zeit

ziemlich

zu Ende

zuerst

zu Haus, zu Hause, (auch: zuhause)

zuletzt

zurück

zusammen

Zu zweit üben: das klassische Diktat

Lass dir den Text von einer anderen Person diktieren.
Das geht so:

1. Zuerst lässt du dir den ganzen Text mit Überschrift vorlesen, damit du den Inhalt kennenlernst.
2. Dann lässt du dir nur den ersten Satz vorlesen.
3. Dein Partner diktiert dir nun diesen Satz. Er spricht langsam und betont und teilt den Satz in sinnvolle Abschnitte ein.
4. Nun lässt du dir den zweiten Satz komplett vorlesen. Anschließend wird er dir wieder in kurzen Abschnitten diktiert.
5. Am Ende lässt du dir noch einmal den ganzen Text vorlesen. Prüfe, ob du alles richtig verstanden hast.
6. Zum Schluss bekommst du noch etwas Zeit, um deinen Text zu kontrollieren und zu verbessern.
7. Korrigiert deinen Text gemeinsam.

Alleine üben: das Dosendiktat

Nimm eine leere Dose und Schreibpapier.

1. Schreibe den Diktattext ab, und schneide die einzelnen Sätze aus.
2. Lege die einzelnen Sätze in der richtigen Reihenfolge vor dich auf den Tisch.
3. Nimm den ersten Papierstreifen, lies den Satz, präge ihn dir gut ein, und stecke ihn dann in die Dose.

4. Schreibe den Satz nun auswendig auf.
5. So machst du es mit allen Sätzen.
6. Vergleiche zum Schluss deinen Text mit der Vorlage, und korrigiere deine Fehler.

Alleine üben: das Laufdiktat

Lege den Text an eine gut erreichbare Stelle in deinem Zimmer (z.B. auf die Fensterbank).

1. Lauf zum Text, und merke dir die ersten Wörter oder den ersten Satz.
2. Lauf nun zu deinem Schreibtisch zurück, und schreibe diese Wörter oder den Satz auswendig in dein Heft.
3. Jetzt läufst du wieder zum Text und merkst dir die nächsten Wörter oder den nächsten Satz.
4. Schreibe auch diese Wörter oder den Satz auswendig in dein Heft.
5. So machst du es mit dem gesamten Diktattext.
6. Vergleiche deinen Text mit der Vorlage, und korrigiere deine Fehler.